MIEP ORANJE

RICHARD HOVING

MIEP ORANJE

ZOEKTOCHT NAAR DE KOERIERSTER
DES DOODS

2023 Prometheus Amsterdam

De uitgever heeft getracht alle rechthebbenden te achterhalen. Aan hen die desondanks menen aanspraak te kunnen maken op enig recht, wordt verzocht contact op te nemen met Uitgeverij Prometheus, Postbus 1662, 1000 br Amsterdam.

© 2023 Richard Hoving
Omslagontwerp Sander Patelski
Foto auteur Bob Bronshoff
Illustratie omslag Detail van de foto van de examenklas 1941/1942 van de hbs a van Het Baarnsch Lyceum/Historisch Documentatiecentrum voor het Nederlands Protestantisme
Lithografie afbeeldingen bfc, Bert van der Horst, Amersfoort
Opmaak binnenwerk Mat-Zet bv, Huizen
www.uitgeverijprometheus.nl
isbn 978 90 446 4924 6

Inhoud

Proloog. 'Miep, waar ben je?' 7
1 Een zwijgzaam meisje 15
2 Koerierster voor het verzet 52
3 In de klauwen van de Duitsers 89
4 Verdwenen in het niets 136
5 'Miep gevonden' 163
Slot. Koerierster des doods 188

Bijlage. Slachtoffers van direct en indirect verraad door
Miep Oranje of door haar beschuldigd 197
Woord van dank 201
Noten 205
Bronnen en literatuur 231
Register 243

Proloog

'Miep, waar ben je?'

Presentator Fons de Poel zucht diep als hij op vrijdagavond 3 mei 1996 het tweede onderwerp van actualiteitenrubriek *Brandpunt* met veel gevoel voor drama inleidt.

> Leef je nog? Waar ben je en waarom heb je ons verraden?

Terwijl hij de kijker van het journalistieke televisieprogramma van de KRO via de camera toespreekt, vouwt en spreidt De Poel afwisselend zijn handen.

> Al 50 jaar lang wordt een groep voormalige verzetsstrijders achtervolgd door deze vragen. En er spookt een naam door hun hoofd: Miep Oranje.

Op een foto die vervolgens in beeld verschijnt, staat een jonge vrouw met een vol gezicht. Ze lijkt zich bewust van de fotograaf en lacht. Ze draagt een hoofddoekje dat onder haar kin is geknoopt, maar haar donkere haar is goed zichtbaar.

Haar diepliggende ogen zijn klein. Wenkbrauwen lijkt ze niet te hebben.

De presentator schetst hoe de vrouw zich in de Tweede Wereldoorlog aanmeldde als koerierster bij het verzet, maar verliefd werd op een Duitse officier van de *Sicherheitsdienst*, waarna ze al haar voormalige kameraden verraadde. Honderden mensen werden opgepakt en velen daarvan vonden de dood. De Poel:

> Miep Oranje, ze werd na de oorlog niet veroordeeld en verdween spoorloos door slim te opereren en een relatie aan te knopen met een Britse inlichtingenofficier. Ze bleef dus onbestraft, tot oneindig leed van de nabestaanden. Leef je nog? Waar ben je? Waarom heb je ons verraden?

In de ruim zeventien minuten durende reportage komen voormalige verzetsvrienden, de officier van justitie die is belast met de vervolging van oorlogsmisdadigers, en amateurspeurders aan het woord. Allemaal laten ze geen misverstand bestaan over de ernst van Miep Oranjes daden. De officier van justitie zegt: 'Als je het hebt over verraad, verraders en hulpverlening aan de vijand, kun je wel zeggen dat ze van een zwaar kaliber was.' Een jeugdvriend die haar een tweede verzetsgroep binnenloodste die ze verraadde, twijfelt niet: 'Ze is een van de groten in het verraad in Nederland.' De twee amateurspeurders, die actief waren in het verzet maar Miep niet hebben gekend, noemen haar erger dan de verrader Anton van der Waals, die na de oorlog ter dood werd veroordeeld en de kogel kreeg.

Op de inleidende vragen van de presentator komen in de uitzending van *Brandpunt* geen antwoorden. De bewering dat de verraadster na de oorlog met behulp van een Britse officier naar Tanzania is gevlucht, wordt in de uitzending niet met bewijs onderbouwd. 'Ik kan het niet plaatsen,' reageert de officier van justitie. 'Het is een verhaal. Er zijn meer verhalen. Ik kan er niets mee.'

Miep Oranje werd na de oorlog niet bij verstek veroordeeld door de bijzondere rechtspleging, die was opgetuigd om af te rekenen met 'foute' Nederlanders en Duitse oorlogsmisdadigers. Volgens de officier van justitie had ze 'wellicht' kunnen worden vervolgd, maar was haar strafdossier 'ook weer niet zodanig duidelijk dat het had moeten gebeuren'. De amateurspeurders zien in het uitblijven van een rechtszaak in de jaren na de bevrijding de hand van het voormalig verzet. Dat zou haar verraad een schande voor de organisatie hebben gevonden en daarom de zaak in de doofpot hebben gestopt. Maar meer dan een gevoel is dat niet, erkennen de speurders. Beiden pleiten voor een 'einde aan de geheimzinnigheid' en 'opening van zaken'.

De jeugdvriend heeft de hoop opgegeven dat er duidelijkheid komt over Mieps beweegredenen om voor de Duitsers te gaan werken. 'Het is eigenlijk niet denkbaar dat ze nog ooit op de proppen komt,' zegt hij geëmotioneerd. Maar de sporen die ze heeft getrokken in het leven van anderen, blijven volgens hem 'onuitwisbaar'. Hij zegt nog iedere dag te worden verteerd door schuld omdat hij Miep vertrouwde.[1]

Het verraad door Miep Oranje intrigeert ruim vijftig jaar na de oorlog nog velen. De *Brandpunt*-reportage aan de vooravond van dodenherdenking en Bevrijdingsdag in Nederland, wordt goed bekeken en positief gewaardeerd. 'Even afgezien van de ernst van het programma kunnen we van een succes spreken,' laten de samenstellers naderhand aan een van de geïnterviewden weten. Toch levert de reportage geen 'tastbare aanwijzingen' op over hoe het met Miep is afgelopen, schrijven ze.[2]

Veel vragen rond Miep Oranje zijn bijna tachtig jaar na de oorlog nog altijd onbeantwoord. De geschiedschrijving over de Tweede Wereldoorlog in Nederland is niet aan haar voorbijgegaan, maar naar de omvang van haar verraad en haar motief is tot nu toe nauwelijks gedegen onderzoek gedaan.[3] Haar persoonlijk leven is alleen in grote lijnen bekend. Wat journalisten en historici die over haar hebben geschreven parten speelt, is het gebrek aan bronnen. Miep Oranje heeft bijna geen papieren sporen nagelaten, het naoorlogse strafdossier tegen haar is dun en onvolledig en haar familie – haar vader voorop – is in de loop der jaren weinig spraakzaam geweest over haar. Het gebrek aan informatie staat stevige conclusies over Miep Oranjes optreden in de oorlog niet in de weg. Ze wordt in de literatuur 'een massamoordenares zonder weerga' genoemd en draagt de bijnaam 'Koerierster des doods'.[4]

Dit boek begint met een korte levensschets die meer licht werpt op Miep Oranje en haar familie dan tot dusverre is gedaan. Deze schets is gebaseerd op veel niet eerder geraadpleegd archiefmateriaal. Bronnen die wel eerder zijn gebruikt om een beeld van haar jeugd te scheppen, zijn kritisch onderzocht. Dit alles geeft antwoord op verschillende vragen. In wat voor een gezin groeide ze op? Wat waren haar dromen en idealen? Hoe keken tijdgenoten tegen haar aan en wat voor een leven leidde ze aan de vooravond van de oorlog en na de inval van de Duitsers in mei 1940?

In 1943 rolde ze via een vriendin in het verzet. Haar rol in de strijd tegen de bezetter, die door haar latere verraad sterk onderbelicht is gebleven, wordt onder meer gereconstrueerd aan de hand van een bijzonder dagboek van een jonge onderduiker en een verloren gewaand Duits strafdossier tegen een aantal Nederlandse verzetsstrijders. Miep Oranje ging na haar arrestatie in december 1943 voor de vijand werken. Wie zich verdiept in haar verradersrol komt al snel tot de conclusie dat het aantal arrestaties dat aan haar verraad is te wijten, schromelijk wordt overdreven. Dat honderden mensen door haar toedoen zouden zijn opgepakt, is een onzinnige bewering die niet alleen in de *Brandpunt*-aflevering wordt gedaan, maar ook in meerdere publicaties is terug te vinden.[5] In dit boek wordt de werkelijke omvang van haar verraad uiteengezet. Dat leidt er niet toe dat ik haar vrijpleit. Dat ze zich schuldig heeft gemaakt aan verraad, staat voor mij vast. Maar door feit en fictie rond haar verradersrol van elkaar te scheiden wil ik recht doen aan haar geschiedenis en laten zien hoe deze zich daadwerkelijk heeft voltrokken. Met een aantal hardnekkige mythen rond Miep Oranje wordt afgerekend. Bijna tachtig jaar na de oorlog wordt ook voor het eerst duidelijk wat haar bewoog om haar verzetskameraden uit te leveren aan de Duitsers.

Miep Oranje verdween in juli 1944 spoorloos. Op de vraag

waar ze sindsdien is gebleven en of ze nog leeft, in 2023 is het honderd jaar geleden dat ze werd geboren, wordt in dit boek geen definitief antwoord gegeven. Alle denkbare sporen die naar haar kunnen leiden, zijn bewandeld. Het zijn uiteenlopende sporen die naar verschillende delen van de wereld voeren, maar ze hebben één ding gemeen: ze lopen dood. Na de bevrijding speurden verschillende overheidsinstanties naar Miep, om haar strafrechtelijk te kunnen vervolgen voor haar verradersrol. Toen ze na een aantal jaren nog altijd niet in beeld was, verloren de instanties hun interesse in de verraadster. Haar familie bleef om emotionele en praktische redenen langer naar haar zoeken, maar gaf het uiteindelijk ook op. Verschillende journalisten, historici en amateurspeurders hebben zich in de voorbije decennia gebogen over haar verdwijning. Meerdere onderzoekers beweren dat ze 'het mysterie Miep Oranje' hebben opgelost, maar ieder van hen heeft zijn eigen lezing van wat er met haar is gebeurd.[6] Door de verschillende scenario's na te lopen, laat ik zien dat niemand – hoe overtuigd hij tot op de dag van vandaag ook is – het raadsel van haar verdwijning heeft opgelost. Ik beschrijf tot slot mijn eigen zoektocht, die veelbelovend begon met een briefje met daarop de woorden: 'Miep gevonden'.

Het verraad en de verdwijning van Miep Oranje maakt nog altijd velen nieuwsgierig. De *Brandpunt*-reportage die sinds een aantal jaren op de website *YouTube* staat, is ruim 90.000 keer bekeken. De reacties die onder video staan, zijn hard en veroordelend: 'Vreeselijke *[sic]* vrouw', 'Wat een monster Miep'. Een enkele kijker komt met een eigen 'theorie' om haar verraad te verklaren. 'Ik zou bijna de indruk krijgen dat Miep met de dood bedreigd is en vervolgens haar "vrienden" verraadde wanneer ze vervolgens zelf alsnog vermoord is. Ik zeg maar wat maar tja, wie weet.'[7]

Reportage van KRO *Brandpunt* over Miep Oranje

1

Een zwijgzaam meisje

In kleine advertenties in twee landelijke en twee Zeeuwse kranten maken Cornelis Leendert Oranje en Maria Oranje-van der Vies op 8 mei 1923 de 'voorspoedige geboorte' van hun dochter Maria bekend. Het meisje dat de roepnaam Miep krijgt, is twee dagen eerder thuis aan de Kleverlaan in Bloemendaal geboren.[1] Ze is de tweede dochter van Cees en Maria. Zes jaar eerder is Henderina Cornelia (Henny) geboren.[2] De mededeling in de twee Zeeuwse kranten is bedoeld voor familie, vrienden en kennissen die Mieps ouders in 1913 na hun huwelijk achter zich hebben gelaten. Zowel haar vader als haar moeder zijn geboren en getogen Zeeuwen.

Cees Oranje wordt in 1889 in Goes geboren als de achtste van dertien kinderen. Een jonger zusje overlijdt voordat ze een jaar oud is.[3] Hij groeit op in een gereformeerd middenstandsgezin. Zijn ouders, Cornelis Oranje en Henderina Cornelia Meijers, drijven een winkel in matten, tapijten en kleden.[4] De zaak ligt in de straat Voorstad, dicht bij de Ganzepoortbrug of Stenen Brug, een van de weinige zichtbare overblijfselen van de geschiedenis van Goes als vestingstad. Na de christelijke lagere school, waarvan zijn vader een aantal jaren bestuurslid is, gaat Cees naar de driejarige hbs in Goes.[5] Met vijf oudere broers ligt het niet voor de hand dat hij de winkel van zijn ouders te zijner tijd zal overnemen. Cees is vijftien jaar als hij met het hbs-diploma op zak in september 1904 in Rotterdam als stuurmansleerling aan boord stapt van het Engelse zeilschip Beeswing.

Hij tekent een leercontract voor vier jaar op de stalen driemaster. In zijn contract staat dat de leerling (*apprentice*) niet op bedrieglijke wijze uit dienst mag treden, geen kroegen of bierhuizen mag bezoeken en niet aan onwettige spelen (gokken) mag deelnemen. Zijn ouders moeten een waarborgsom van 15 pond sterling storten, die na afloop van de contracttijd bij goed gedrag wordt terugbetaald. Als leerling krijgt Cees geen salaris, maar na vier jaar moet hij voldoende zijn opgeleid om het examen 2de stuurman op de grote zeilvaart af te kunnen leggen. In de havens die het schip aandoet, krijgt hij – net als de twee andere stuurmansleerlingen aan boord – zakgeld van de kapitein.[6]

Zijn belevenissen aan boord van de Beeswing legt de jonge Cees Oranje vast in een dagboek. De eerste dagen van zijn nieuwe bestaan vallen hem zwaar:

> Vannacht heb ik voor 't eerst aan boord geslapen; doch ik kan er niet goed aan wennen en heb weinig rust genoten. Bovendien zaten de stuurlieden met de kok en zeilmaker hiernaast tot heel laat liederen te zingen. […] Werken als een paard en ik word nog uitgelachen door die Engelschen

op den koop toe als ik iets niet goed versta of niet goed zeg. We zijn nu bezig om de kunstmest die naar Australië moet in te nemen in 't grootluik en meteen wordt de ballast gelost.

Als het schip na de nodige voorbereidingen vertrekt en na ruim een week de Golf van Biskaje bereikt die zich uitstrekt van het Franse Bretagne tot de noordkust van Spanje, spelen wind en deining de stuurmansleerling parten. 'Ik weet nu wat zeeziekte is en vind het verschrikkelijk. Bovendien kwam er heimwee bij en iedereen was norsch en onvriendelijk.'

Over de Atlantische Oceaan zet de Beeswing koers richting Kaap de Goede Hoop, het zuidwestelijkste punt van Afrika. Half december 1904 begint de oversteek van de Indische Oceaan richting Melbourne. Op nieuwjaarsdag 1905 noteert Cees in zijn dagboek dat de twee medeleerlingen en hij op goede voet staan met de andere 'lui' aan boord.

> Alleen de kapitein heeft nog nooit een woord tegen ons gesproken, maar die praat tegen niemand. Alleen 's morgens als hij aan dek komt vindt hij altijd wat om over te brommen. Het is een norsche man en hij drinkt ook.

Na 108 dagen laat het schip op 23 januari 1905 het anker vallen voor de kust van Melbourne. In de havenstad aan de zuidoostkust van Australië ontvangt Cees vier brieven van thuis. 'Het was voor mij de gelukkigste dag sedert mijn vertrek van huis.'

Het schip Beeswing waarmee Cees Oranje de wereld over voer. State Library of South Australia

Als de Beeswing eenmaal is gelost, is het wachten op orders voor het vervolg van de reis. Cees gaat elke dag aan wal en verbaast zich over de grote brede straten, 'allemaal recht en rechthoekig op elkaar lopend'. Dat is in zijn geboortestad Goes wel anders. Niet minder verbaasd is hij over het gedrag van de matrozen van het schip aan de wal.

> De matrozen zijn steeds in de lorum en we hebben de eerste dagen vreeselijke vechtpartijen gehad. […] Drie man hebben we helemaal niet meer gezien na aankomst en 1 heeft een messteek in de rug. Je kunt niet gelooven dat dit dezelfde lui zijn van op zee.

Na een maand krijgt de Beeswing opdracht door te varen naar Newcastle aan de Australische oostkust om daar kolen te laden voor de Chileense havenstad Valparaíso. Tijdens de anderhalve maand durende zeilvaart over de Stille Oceaan wisselen storm en prachtig weer elkaar af. Eenmaal in Chili begint het lange wachten. Als de kolen zijn gelost – uiteindelijk niet in Valparaíso, maar in Caleta Coloso – blijft een nieuwe lading uit. Eind augustus 1905 is er nog geen zicht op een vervolgreis. Een brief van zijn ouders is, ondanks het weinige goede nieuws dat ze schrijven, reden voor blijdschap bij Cees.

> Wat was ik blij. Het nieuws was niet zoo bijzonder gunstig, veel ziekte thuis, maar het ontvangen was alleen al een genot. Eergisteren had ik juist een brief naar huis gezonden. Gingen we toch maar naar huis! We liggen hier nu al 3 maanden en nog geen vooruitzicht. Iedereen vindt het beroerd.

Op 7 oktober 1905 ziet Cees het niet meer zitten aan boord. Met de Engelse stuurmansleerling Pratt ontvlucht hij de Beeswing. 'Het was ook geen leven meer, iedereen is erg onvriendelijk, eten kregen we haast niet meer en we moesten nog harder werken dan de matrozen.' Pratt weet op een schip naar Sydney te ontkomen. Cees wordt door de kapitein van de Beeswing teruggehaald. 'Ik vond het vreeselijk beroerd en de tranen zijn niet uitgebleven.' Terug aan boord wordt hij voor straf een nacht in de boeien aan dek gezet. Lang treurt hij niet over zijn mislukte vluchtpoging. Het schip krijgt eindelijk een nieuwe opdracht. Er moet terug naar de Australische oostkust worden gezeild. Met een lading kolen wordt vervolgens weer koers richting de Chileense kust gezet.[7]

Op 17 december 1906 komt de Beeswing, 27 maanden na vertrek, aan in de 2e Katendrechtsehaven in Rotterdam. Het schip is vanaf de Chileense oostkust om Kaap Hoorn, het zuidelijkste punt van Zuid-Amerika, richting Europa gevaren. Cees wordt door zijn vader Cornelis Oranje afgehaald. Samen besluiten ze dat er geen toekomst voor hem is in de tanende zeilvaart. Het leercontract wordt vroegtijdig beëindigd. De waarborgsom die zijn ouders hebben betaald, zijn ze kwijt. Maar Cees vertrekt niet zonder een lovend getuigschrift. De 'apprentice' heeft zich een bekwaam en goed zeeman getoond, die nuchter, gehoorzaam en betrouwbaar is, schrijft de kapitein. Dat de stuurmansleerling van het schip is gevlucht, heeft hij hem vergeven. Al kan een 'enorme kist gesorteerde sigaren' die zijn vader achterlaat, daar een handje bij hebben geholpen.[8]

De grote zeilvaart heeft begin twintigste eeuw zijn beste tijd gehad. De wereldzeeën worden meer en meer bevaren door stoomschepen, die sneller zijn en niet afhankelijk van wind. De stoomvaart is dan ook de toekomst waar Cees Oranje terug aan de wal voor kiest. Nadat hij in juli 1908 het examen 3de stuurman voor de grote stoom- en zeilvaart op de zeevaartschool in Vlissingen heeft gehaald, kan hij als 4de officier bij de Stoomvaart Maatschappij 'Nederland' in Amsterdam aan de slag.[9] De rederij die als motto voert 'Semper Mare Navigandum' (de zee moet steeds bevaren worden), is in 1870 opgericht en vaart met personen, goederen en post op een aantal Europese steden en op de kolonie Nederlands-Indië. In augustus maakt hij zijn eerste reis voor de rederij met de Timor naar Nederlands-Indië.[10]

Tussen de verschillende reizen voor de 'Nederland' is Cees bij zijn ouders in Goes en leert hij voor het volgende stuurmansexamen. In 1911 brengt hij het tot 2de stuurman.[11] Rond deze tijd leert hij Maria van der Vies in Vlissingen kennen. De vijf jaar jongere Maria is de dochter van een loods in de Zeeuwse havenstad. Haar moeder is huisvrouw. Anders dan Cees komt ze uit een klein gezin. Haar ouders krijgen in 1892 hun eerste kind, een zoon, maar die wordt niet ouder dan elf dagen. Een jaar later wordt Maria geboren. Als zij drie jaar oud is, krijgt ze een zusje, Johanna Barbara.[12]

De 24-jarige Cees Oranje en de 19-jarige Maria van der Vies trouwen op 24 april 1913 in Vlissingen. Na hun huwelijk verlaten ze hun geboortegrond en verhuizen ze naar Amsterdam. Daar betrekken ze een woning aan de Veerstraat in de Schinkelbuurt, op loopafstand van het Vondelpark.[13] De keuze voor Amsterdam is ongetwijfeld ingegeven door Cees' werk voor de Stoomvaart Maatschappij 'Nederland'. Het hoofdkantoor van de rederij staat aan de Prins Hendrikkade in de hoofdstad. De vloot is een aantal jaren eerder verplaatst van de Handelskade naar het tegenovergelegen Java-eiland in het IJ. De schepen vertrekken in de regel van de Javakade en worden gelost aan de Sumatrakade op het schiereiland.[14] Rond zijn huwelijk vaart Cees Oranje vijf maanden niet. Eind juli vertrekt hij met de Billiton naar Nederlands-Indië. Kort voor de afvaart is hij geslaagd voor het examen 1ste stuurman. Het duurt bijna vijf maanden voordat Cees en Maria elkaar weer terugzien.[15]

Als Maria op 4 januari 1917 bevalt van haar eerste kind is haar man op zee. Twee maanden eerder is hij weer met de Billiton richting Java vertrokken. Zijn dochter Henny kan hij pas in de armen sluiten als ze vijf maanden oud is. Na de geboorte van Henny maakt Cees nog vier reizen, drie naar Nederlands-Indië en een naar de Verenigde Staten.[16] De reis naar Amerika is een privétrip. Hij zoekt zijn drie jaar oudere broer Adriaan op. De twee hebben elkaar niet meer gezien sinds Adriaan in 1904 op zijn achttiende emigreerde om zijn geluk overzees te beproeven. Cees' broer, die werkt als timmerman, woont met zijn vrouw en vier jonge kinderen in het dorp Little Falls in de staat New Jersey. Met z'n allen zittend op de dubbele schommelstoel die Adriaan heeft gemaakt, vermaakt *uncle* Cees zijn nichtjes en neefje met zijn zeemansverhalen.[17]

In 1920, zestien jaar nadat hij zijn eerste avontuurlijke zeereis met de Beeswing heeft gemaakt, gaat Cees Oranje aan de wal werken als arbeidsinspecteur voor de 'Nederland'. In deze functie waakt hij over de veiligheid tijdens het laden en lossen van goederen door de stoomschepen aan de kades in Amsterdam.[18] Door de jaren heen heeft Cees als stuurman genoeg geld verdiend om met zijn gezin het drukke Amsterdam achter zich te kunnen laten. De huur van de woning aan de Veerstraat wordt opgezegd en de koopakte getekend voor een ruime tussenwoning met drie slaapkamers en een balkonnetje op de eerste verdieping aan de Kleverlaan in Bloemendaal. Rond de Kleverlaan is tussen het water van de Delft en de spoorlijn Haarlem-Alkmaar recent een dubbele rij huizen met voor- en achtertuinen gebouwd. Doordat de ongeveer vijftig woningen ingeklemd liggen tussen water en spoor vormen ze een apart wijkje aan de zuidkant van het dorp, op de grens met Haarlem. Achter de huizen aan de noordzijde van de Kleverlaan – de kant waar de Oranjes gaan wonen – ligt de ijsbaan van de ijsclub Haarlem en omstreken. Dit deel van Bloemendaal staat daarom bekend als het IJsbaangebied. Op de Kleverlaan 151 wordt Maria (Miep) Oranje op 6 mei 1923 geboren.[19]

Bloemendaal heeft zich begin jaren twintig van de vorige eeuw ontwikkeld tot een forensendorp. De rust en de nabijheid van bos en duin hebben grote aantrekkingskracht op mensen die in Amsterdam, Haarlem of de Zaanstreek werken. De trein- en tramverbindingen naar de omgeving zijn goed. Mieps vader kan aan de Kleverlaan op de elektrische tram naar station Haarlem stappen, vanwaar hij de trein naar Amsterdam kan nemen. De ligging van het dorp heeft door de eeuwen heen de belangstelling van welgestelden gewekt. Rond de eeuwwisseling leidt dat tot de aanleg van de eerste villaparken. In 1883 wordt begonnen met de ontwikkeling van het Bloemendaalsche Park. In 1897/1898 volgt een tweede villapark, Duin en Daal. In 1907 komt met steun van de gemeente de eerste moderne arbeiderswijk tot stand binnen de gemeentegrenzen. Door de bouwwoede is het aantal inwoners van Bloemendaal in 1920 gegroeid tot ongeveer 10.000.[20] Het IJsbaangebied aan de Kleverlaan wordt bewoond door de middenklasse. In de huizen in de buurt van de Oranjes wonen een koopman, een kandidaat-notaris, een aannemer en een stuurman op de koopvaardij.[21]

Het dorp is ook in trek bij recreanten. Die komen onder meer af op 't Kopje van Bloemendaal. Het ruim veertig meter hoge uitzichtduin biedt een weids panorama over de duinen, de zee en het dorp. Het duin krijgt eind negentiende eeuw de naam Wilhelminaduin, als eerbetoon aan prinses Wilhelmina die in 1894 als 14-jarige met haar moeder koningin-regentes Emma een bezoek brengt aan het dorp. Nadat de duin in 1907 wordt verhoogd, luidt de naam 't Kopje. Vijf jaar eerder is er in Zuid-Afrika een einde gekomen aan de Tweede Boerenoorlog, tussen nazaten van de Nederlandse kolonisten (Boeren) en de Britten. In deze oorlog spelen de plotseling uit het Zuid-Afrikaanse landschap oprijzende kleine heuvels ('kopjes') een belangrijke rol. De naam 't Kopje van Bloemendaal herinnert aan de strijd van de Boeren, die in Nederland als 'stamverwanten' worden gezien. Miep beklimt als kind ongetwijfeld wel eens het Kopje, samen met haar ouders en oudere zus Henny. Boven aangekomen kan ze dan uitrusten op een ronde granieten bank, een monument dat in 1926 is opgericht ter ere van Abraham Koolhoven, oud-wethouder en medeoprichter van de Algemeene Nederlandsche Wielrijders-Bond (ANWB).[22]

Als Miep bijna vier jaar is komt het gezin Oranje zonder te verhuizen in Haarlem te wonen. Om de stad ruimte te bieden voor groei en ontwikkeling stemmen zowel de Tweede als Eerste Kamer in het voorjaar van 1927 in met de annexatie van ongeveer 250 hectare grond van buurgemeente Bloemendaal door Haarlem. Het meest noordelijke gebied dat overgaat, is het IJsbaangebied met het deel van de Kleverlaan waaraan de Oranjes wonen.[23] De nummering van de huizen verandert als de gemeentegrenzen opnieuw zijn getrokken. Miep woont nu op Kleverlaan 239.[24]

Gezien de geloofsovertuiging van haar ouders – vader Cees was enige tijd als diaken lid van de kerkenraad van de gereformeerde kerk in Bloemendaal – zal Miep op haar zesde naar een christelijke school zijn gegaan.[25] Sinds de invoering van de leerplichtwet in 1900 moeten kinderen tussen zes en twaalf jaar verplicht onderwijs volgen. Samen met haar oudere zus Henny naar school lopen, zit er niet meer in. Zij is in 1929 oud genoeg voor vervolgonderwijs of om aan het werk te gaan. Miep zit in de klas met leeftijdsgenootjes. Het onderwijs wordt klassikaal gegeven. De kinderen zitten in tweezitsbanken met een lessenaar, die in rijen voor een groot zwart schoolbord staan opgesteld. Onder het opklapbare schrijfblad kan ze haar schriften en andere schoolspullen kwijt. Ze leert lezen met een leesplankje (aap-noot-mies) en tellen en rekenen met behulp van een rekensnoer. Als het tijd is voor de schrijfles, pakt ze haar kroontjespen en doopt deze in de inktpot die in de hoek van de lessenaar steekt. Bijbelles is een vast onderdeel van de schooldag op alle christelijke scholen.

Als Miep in de tweede klas van de lagere school zit, raakt haar moeder in verwachting. De ophanden zijnde gezinsuitbreiding brengt de plannen van de Oranjes en de buren op 241 om de zolders van hun woningen uit te bouwen tot een volwaardige verdieping met extra slaapkamers in een stroomversnelling. Eind juni 1930 is het timmer- en schilderwerk klaar.[26] Maar dan slaat het noodlot toe. De bevalling van Maria's derde kind loopt uit op een drama. De baby overleeft de geboorte niet en Maria Oranje-van der Vies sterft op 6 november 1930 aan de complicaties van de bevalling.

Ze heeft een week eerder haar 37ste verjaardag gevierd.[27]

Het is niet moeilijk voor te stellen dat het onbegrip en verdriet over het overlijden van haar moeder groot is bij de 7-jarige Miep. Op steun en troost van haar vader kan ze niet terugvallen. Hij kan het verlies van zijn vrouw en kindje slecht verwerken. Cees Oranje krijgt een zenuwinzinking en moet enige tijd worden opgenomen in een inrichting.[28] Zijn slechte geestelijke gezondheid en de crisis van de jaren dertig betekenen het einde van zijn jarenlange dienstverband bij de Stoomvaart Maatschappij 'Nederland', waar hij in juli 1929 is gepromoveerd tot souschef etablissementen (loodsen en werkplaatsen). Met de rederij komt hij overeen dat hij in de loop van 1932 vervroegd met pensioen kan. De voorwaarden waaronder de 43-jarige Oranje na 24 jaar kan vertrekken, zijn 'zeer gunstig'.[29]

In het leven van Miep verandert veel na het overlijden van haar moeder. Haar vader stopt niet alleen met werken maar besluit ook Haarlem, waar het grote verdriet van zijn leven zich heeft voltrokken, te verlaten. Met zijn twee dochters verhuist hij in de loop van 1932 naar Amsterdam. Het huis aan de Kleverlaan houdt hij aan en gaat in de verhuur. Miep woont slechts een paar maanden bij haar vader op een bovenwoning aan het Sarphatipark als ze opnieuw haar koffer moet pakken. Ze gaat inwonen bij het gezin van haar oom Leendert. Cees Oranjes oudste broer woont met zijn vrouw Barbera en acht kinderen – twee kinderen zijn al het huis uit – in Nieuwer-Amstel (het latere Amstelveen). Oom Leendert werkt als administratief ambtenaar bij de Rijksverzekeringsbank. Het kan niet anders dan wennen zijn voor Miep; een groot gezin, een nieuwe school en zonder haar vader en zus. Ze vindt ongetwijfeld een speelkameraadje in haar nicht Tiny die slechts een jaar ouder is dan zij.[30] Zus Henny vertrekt rond dezelfde tijd naar de ouders van haar overleden moeder. Opa en oma Van der Vies hebben Vlissingen verlaten en wonen in de Tomatenstraat in Den Haag.[31]

Waarom Miep en Henny niet bij hun vader in Amsterdam kunnen blijven wonen, is onduidelijk. Mogelijk is hij onvoldoende hersteld van zijn zenuwinzinking om voor zijn dochters te kunnen zorgen. Drie jaar later zijn vader en dochters in elk geval weer samen. Cees Oranje koopt in april 1935 een hoekhuis in een rijtje van vier woningen aan de Braamweg in het Utrechtse Soest. Miep gaat direct weer bij haar vader wonen. Henny volgt vier maanden later.[32] De nieuw gebouwde woning aan de Braamweg 110 staat aan de zuidkant van het dorp, niet ver van het natuurgebied de Soesterduinen met omvangrijke zandverstuivingen.

Soest is tot het eind van de negentiende eeuw een boerendorp met kleinere en grotere buitenplaatsen. De aanleg van de treinverbinding tussen Utrecht en Baarn in 1898 geeft de eerste krachtige aanzet tot de groei van Soest. Aan de spoorlijn liggen op Soester grondgebied maar liefst drie stations, Soest-Zuid, Soest en Soestdijk. Als het wegverkeer zich begin jaren twintig van de twintigste eeuw ontwikkelt, profiteert Soest daarvan door de rijksweg tussen Amersfoort en Amsterdam die dwars door het dorp loopt. Door de goede verbindingen wordt Soest aantrekkelijk voor forensen. Maar ook welgestelden op zoek naar schone lucht en natuurschoon blijven naar Soest komen. Niet alleen aan de zuidkant (Soest-

Zuid) worden nieuwe woningen gebouwd. In het noordwesten rond buurtschap Soestdijk wordt ook uitgebreid. De nieuwbouw is ruim van opzet en betreft veelal vrijstaande huizen met ruime tuinen. Rond 1930 geldt Soest als een welvarend dorp met ongeveer twintigduizend inwoners.[33]

Miep verhuist in 1935 met haar vader en zus Henny naar de Braamweg in Soest. De hoekwoning van de Oranjes maakt onderdeel uit van een blok van vier huizen. Foto Richard Hoving

Schuin tegenover de woning van de familie Oranje ligt een rusthuis voor ouderen, Buitenzorg. Cees Oranje maakt kort na zijn verhuizing kennis met de directrice, mejuffrouw Metje van Leeuwen, en met haar secretaresse, haar zus Marie.[34] Voor het eind van het jaar is Oranje getrouwd met de veertien jaar jongere Maria Jacoba (Marie) van Leeuwen.

Vijf jaar na het overlijden van haar moeder krijgt Miep, twaalf jaar oud, een stiefmoeder.[35]

Over het gezinsleven aan de Braamweg spreken familie en bekenden van de Oranjes elkaar tegen. Volgens een neef van Miep regeert de 'stijve gereformeerde' Cees Oranje het gezin met ijzeren hand. Over Miep zegt hij: 'Liefde heeft zij thuis niet ondervonden.' Met haar stiefmoeder kan ze het niet vinden, verklaart een vriendin met grote stelligheid.[36] De dominee van de gereformeerde Wilhelminakerk in Soest waar de Oranjes bij zijn aangesloten, schetst een geheel ander beeld. Hij omschrijft vader Cees als 'type oud-zeeman, geen hoogmoed, kordaat, hartelijk, kerkelijk meelevend'. Zijn tweede vrouw Marie noemt de dominee 'een knappe, pientere, vriendelijke vrouw'. Dat Miep het niet met haar kan vinden, gelooft hij niet. Het contact tussen beiden was 'goed', verzekert hij. 'Miep, vaders lieveling, schiep thuis geen moeilijkheden.' Dat haar oudere zus Henny meer moeite heeft met haar stiefmoeder, sluit de dominee niet uit. Zij verlaat vrij spoedig na de verhuizing het ouderlijk huis in Soest.[37] Henny gaat terug naar haar opa en oma in Den Haag, woont later enige tijd in Nieuwer-Amstel bij oom Leendert en tante Barbera en verblijft kort in Eindhoven. Ze werkt afwisselend als hulp in de huishouding en als verpleegster.[38] Als ze kennis krijgt aan de Amsterdamse huisschilder Theo Gillhaus verhuist ze naar de hoofdstad. In augustus 1939 trouwen de twee. Veel contact met haar vader of haar zusje Miep heeft Henny nadien niet meer.[39] Ze leidt een rommelig leven in Amsterdam en komt een aantal keer in aanraking met de politie, onder meer op verdenking van heling.[40]

Miep komt na de zomer van 1935 in de zesde klas van de

School met de Bijbel. De school bij de gereformeerde Wilhelminakerk aan de Driehoeksweg in Soest-Zuid is een van de drie christelijke scholen in het dorp. Naast vakken als taal, rekenen, Bijbelse geschiedenis, kerkhervorming en vaderlandse geschiedenis is het leren van een psalmvers een vast onderdeel op het lesrooster. Elke week moet Miep een couplet van een psalm uit haar hoofd leren. Op maandagmorgen wordt ze overhoord en aan het eind van het schooljaar staat er een cijfer voor op haar rapport, al telt dit niet mee voor het al dan niet overgaan.[41] Ans Hornsveld zit naast Miep. Zij herinnert zich haar als 'een stil en beschaafd meisje'. Anders dan voor Ans, die de oudste is in een groot gezin, is er voor Miep na de lagere school geen noodzaak om te gaan werken. Ze kan na de zomer van 1936 vervolgonderwijs gaan volgen aan de ulo in Soest.[42]

De School met de Bijbel en de gereformeerde Wilhelminakerk aan de Driehoeksweg in Soest. Archief Eemland

De christelijke school voor uitgebreid lager onderwijs staat aan de Spoorstraat, op tien minuten fietsen van de Braamweg. De ulo kent een uitgebreid vakkenpakket. Leerlingen krijgen les in lezen, schrijven, Nederlands, Frans, Duits, Engels, algebra, meetkunde, aardrijkskunde, geschiedenis, kennis van de natuur, fysica (natuurkunde), bedrijfsrekenen, boekhouden, tekenen, muziek en gymnastiek. Een aantal vakken zijn scholen vrij om te kiezen. Op de christelijke ulo komen daar nog lessen godsdienst en Bijbelse geschiedenis bovenop. De herinneringen aan Miep in haar jaren op de ulo lijken achteraf sterk gekleurd door haar verradersrol in de oorlog. Een klasgenoot noemt haar 'een onsympathiek meisje'. 'Ze was niet erg geliefd in de klas. Ze was een figuur die bij mij niet zo goed lag. Dat gold ook de andere jongens.' Een ander noemt haar 'verschrikkelijk arrogant'. 'Ze sprak een behoorlijk mondje Engels en liet ons dat goed merken.' Oud-klasgenote Truus Schagen herinnert zich Miep als een jongensgek die met knullen uit de klas flirt. 'Toch vond ik haar best een aardig meisje.' Miep komt na schooltijd wel eens bij Truus thuis over de vloer. 'Ik had meelij met haar, want thuis had ze het niet leuk. Haar tweede moeder – een knappe vrouw – was een kreng.'[43]

Als Miep in de tweede klas zit, maakt Soest zich op voor een andere 'Oranjefamilie' die het dorp aandoet. Het is donderdag 15 april 1937 als de Soestenaren uitlopen voor een bezoek van prinses Juliana en de Duitse prins Bernhard zur Lippe-Biesterfeld. Het prinselijk paar heeft na hun huwelijk op 7 januari 1937 zijn intrek genomen in Paleis Soestdijk, tussen Baarn en Soest. Duizenden Soesters staan op een bewolkte lentemiddag langs de weg. Het ligt voor de hand dat Miep en haar klasgenoten van de christelijke ulo niet ontbreken. Al is het alleen maar omdat de Spoorstraat waar de school aan staat na het huwelijk van Juliana en Bernhard is omgedoopt tot Prins Bernhardlaan. De prinses (donkerrode fluwelen robe met daarover een lichtbruine bontmantel) en de prins (wandelkostuum en overjas met witte anjer in het knoopsgat) rijden in een open koets voortgetrokken door vier paarden, door het rijkversierde dorp. Ze maken een stop bij het gemeentehuis, waar ze worden toegesproken door burgemeester Govert Deketh. 'De gemeente Soest voelt de band met Oranje zeer, zeer diep,' zegt hij.

Nadat ze aan het eind van de middag terug zijn gekeerd op het paleis, maken Juliana en Bernhard zich op voor het avondprogramma. Rond 22.00 uur zijn ze weer in Soest en nemen ze plaats op een podium om een groot vuurwerk te aanschouwen. De 'hé's' en 'ochs' van het toegestroomde publiek zijn niet van de lucht bij de 'afwerking van het schitterende vuurwerk'. Vanaf het podium klinkt herhaaldelijk warm applaus. Burgemeester Deketh zit niet naast de prinses en de prins als tot slot van de avond 25 vuurpijlen de lucht in worden geschoten. De 61-jarige Deketh is 's middags nadat hij het paar heeft toegesproken, getroffen door een hartaanval. Vijf dagen later overlijdt hij. De prinses en prins sturen een condoleancetelegram naar de familie van de overledene. Tussen de dertig bloemstukken die bij het graf van Deketh worden gelegd, zijn twee met oranjelinten versierde kransen, een van Juliana en Bernhard en een van koningin Wilhelmina.[44]

Begin 1938 komt er een einde aan Mieps tijd op de ulo. Ze verhuist met haar vader en stiefmoeder naar het Engelse Dover. Cees Oranje is benoemd als waarnemer (*observing officer*) bij de non-interventiecommissie.[45] Deze commissie is kort na het uitbreken van de Spaanse Burgeroorlog in 1936 op voorstel van Frankrijk ingesteld en moet erop toezien dat er geen wapens en mankracht aan de strijdende partijen (nationalisten en republikeinen) worden geleverd. Er wordt een controlesysteem opgezet aan de Frans-Spaanse grens en in verschillende Europese havens. Waarnemers – veelal oud-gezagvoerders en stuurlieden van de koopvaardij en de marine – moeten erop toezien dat schepen die op een Spaanse haven varen, geen wapens, munitie of andere smokkelwaar aan boord hebben. Nederland levert ongeveer zestig observing officers en assistent observing officers voor de zeecontroles. De Nederlandse waarnemers worden gestationeerd in Brest, Gibraltar en Dover. Schepen die op weg zijn naar Spanje, worden geacht een van deze havens aan te lopen om een waarnemer aan boord te nemen en de vlag van de non-interventie te hijsen, twee zwarte ballen op een witte achtergrond.[46]

In Dover gaan de Oranjes in een appartement aan de Camden Crescent 10 wonen, dicht bij de haven. Het huis kent een illustere vroegere bewoner. In 1852 strijkt de Engelse schrijver Charles Dickens er neer. Aan de Camden Crescent schrijft hij delen van zijn roman *Bleak house*, die in 1853 verschijnt.[47] Vader Oranje is door zijn werk vaak langere tijd van huis, waardoor Miep veel tijd met haar stiefmoeder doorbrengt. Beiden zijn telkens opgelucht als hij na verloop van tijd weer thuiskomt. Het werk van een observing officer is niet ongevaarlijk.

Al voordat Cees Oranje aan zijn baan begint, zijn er de nodige incidenten. In augustus 1937 raakt een Nederlandse waarnemer gewond als het Italiaanse schip waarop hij meevaart ter hoogte van Algiers wordt gebombardeerd door vliegtuigen van de nationalisten. De waarnemer breekt zijn arm als hij dekking probeert te zoeken voor de bommen. De Italiaanse kapitein van het ss Mongioia overleeft de aanval niet.[48] De non-interventiepolitiek ten spijt leveren meerdere Europese landen manschappen en materieel aan de strijdende partijen. Schepen met verboden lading aan boord varen de havens waar waarnemers zijn gestationeerd eenvoudigweg voorbij. Het komt ook voor dat schepen weigeren een waarnemer aan boord te nemen. Over het opleggen van sancties zijn de landen in de non-interventiecommissie het niet eens geworden. De observing officers hebben geen feitelijke macht. Ze kunnen alleen met hulp van de plaatselijke autoriteiten een schip beletten uit te varen, maar daarvoor krijgen ze in de regel onvoldoende of geen medewerking. Het gebrek aan sancties is volgens een Nederlandse oud-zeeofficier niet de enige reden dat de non-interventie is mislukt. Hij hekelt begin 1938 in een openhartig gesprek met *De Telegraaf* ook de lijst met 'contrabande'. Hij geeft meerdere voorbeelden van goederen die ondanks het feit dat ze kunnen worden gebruikt in de strijd, zonder problemen kunnen worden vervoerd:

Aluminiumpoeder een zeer krachtig explosief is verboden, doch blokken aluminium en aluminium gebruiksvoorwerpen mogen eveneens vrij worden vervoerd, met gevolg, dat de export daarvan naar Spanje groote afmetingen heeft aangenomen Natuurlijk wordt al dit geëxporteerde in Spanje aanstonds tot aluminiumpoeder vermalen.[49]

De nationalisten van generaal Franco kunnen op ruimhartige steun rekenen van nazi-Duitsland en het fascistische Italië. Twee duikboten die de Italianen aan Franco hebben verkocht, vallen voortdurend schepen op de Middellandse Zee aan. Op 11 januari 1938 wordt het Nederlandse koopvaardijschip Hannah, met aan boord een lading tarwe, met een torpedo tot zinken gebracht. De bemanning kan worden gered.[50]

Aan de Spaanse Burgeroorlog komt op 1 april 1939 een einde. De nationalisten hebben de republikeinen verslagen. Cees Oranjes werk als waarnemer is ruim drie maanden eerder al afgelopen. Aan de Camden Crescent worden de koffers gepakt. Begin december 1938 is Miep met haar vader en stiefmoeder terug aan de Braamweg 110.[51] Ze gaat weer naar de ulo. Na de zomer van 1939 begint ze aan het vierde en laatste jaar. Op een foto van de examenklas kijkt ze zittend, gekleed in een hoog sluitende witte jurk, met een glimlach zelfbewust in de camera. Vader Cees vindt terug in Nederland een nieuwe baan bij de scheepswerf Gusto in Schiedam. Gusto heeft in 1938 van het ministerie van Defensie de opdracht gekregen negentien snelvarende motortorpedoboten te bouwen voor de Nederlandse marine. Oranje moet het contact onderhouden tussen de werf en de marine.[52]

De examenklas van de ulo in Soest in het schooljaar 1939/1940.
Miep zit uiterst rechts. Historische Vereniging Soest/Soesterberg

In het laatste schooljaar verhuist de ulo van de Prins Bernhardlaan naar een villa in de Molenstaat. Het schoolgebouw is door het Nederlandse leger gevorderd om gemobiliseerde soldaten in onder te brengen. Met de steeds sterker wordende dreiging van een aanval door Duitsland, waar Adolf Hitler en de Nationaalsocialistische Duitse Arbeiderspartij (NSDAP) sinds 1933 aan de macht zijn, is op 28 augustus 1939 de algemene mobilisatie afgekondigd. Europa staat aan de rand van een oorlog. Oostenrijk, Sudetenland en Tsjechië (Bohemen en Moravië) zijn al door Hitler-Duitsland ingelijfd. In totaal worden in Soest vijfduizend militairen ondergebracht in gebouwen en bij particulieren. Ze moeten de stelling van de nabijgelegen Eemlinie bemannen als de Duitsers aanvallen.

Ongeveer duizend paarden van het Nederlandse leger krijgen ook onderdak in het dorp.[53] Begin september 1939 lopen de spanningen verder op als het Duitse leger Polen binnenvalt. Tegen de achtergrond van een dreigende oorlog in het westen van Europa viert Miep op 6 mei 1940 haar zeventiende verjaardag. Thuis aan de Braamweg nodigt ze de jongens en meiden uit die ze vanuit de gereformeerde Wilhelminakerk kent.[54]

Op vrijdag 10 mei 1940 klinkt om 3.45 uur het luchtalarm in Soest. De ingekwartierde soldaten moeten direct naar hun stellingen. Dat geldt ook voor de mannen die bij de kruidenier in het dorp zijn ondergebracht:

> Om hen uit bed te porren, werd er geslagen op grote Van Nelle-reclameborden aan onze zijgevel. We schrokken ons wild, vlogen ons bed uit en hoorden even later de eerste vliegtuigen overkomen.[55]

De aanval op Nederland, alsmede op België en Luxemburg, is onderdeel van een groter strategisch plan (Fall Gelb), dat zich in de eerste plaats richt op het verslaan van Frankrijk. Boven vliegveld Soesterberg wordt een Duitse bommenwerper op de terugweg van een aanval op Schiphol, door luchtafweer getroffen. De Heinkel HE-111P vliegt vervolgens tegen een tweede bommenwerper aan. Beide toestellen storten neer. De acht bemanningsleden aan boord van de twee Heinkels komen om het leven.[56] Omdat een deel van Soest in het schootsveld van de Eemlinie dreigt te komen liggen bij een Duitse aanval, moeten negenduizend mensen worden geëvacueerd. De familie Oranje hoeft niet te vertrekken. Soest Zuid ligt ver genoeg van de verdedigingslinie.[57] De achterblijvers worden gemaand 's nachts de ramen te verduisteren. De eerste groep evacuees vertrekt op 10 mei om 22.55 uur vanaf station Baarn met de trein richting het Noord-Hollandse Venhuizen. Nadat de Duitsers Rotterdam hebben gebombardeerd en dreigen dat andere steden zullen volgen, capituleert Nederland op 15 mei. Tot gevechten is het rond Soest niet gekomen. Uit de Eemlinie is geen schot gelost.[58]

De Duitse bezetting laat zich direct voelen in Soest. De Duitsers hebben het nabijgelegen vliegveld Soesterberg vrijwel onbeschadigd in handen gekregen en omgedoopt tot *Fliegerhorst* Soesterberg. Vanaf het vliegveld stijgen bommenwerpers op richting Engeland. De Britse luchtmacht RAF voert de eerste tegenaanval uit op 27 juni 1940. Het leidt tot veel angst onder de bevolking, schrijft een Soestse in een brief aan haar broer in Friesland:

> Er wordt zo geweldig veel gevlogen en het vliegveld waaraan een leger van arbeiders werkt, raakt bijna voltooid. Vorige week was hier 's middags ook al luchtalarm. Alle treinen moesten blijven staan en er zijn bommen geworpen op Soesterberg. Echter zonder resultaat. De bevolking van Soesterberg is al weer weken geëvacueerd. Wij zetten 's avonds altijd een paar koffers klaar om, indien nodig, te kunnen meenemen. Ook de allernodigste kleren, zodat je niet onverhoeds in je ondergoed de straat op moet. We leven in spannende tijden hoor![59]

Hoe groot het gevaar van het vliegveld is, wordt op 15 november 1940 duidelijk. In een poging aan een paar Duitse jachtvliegtuigen te ontkomen, lost een Britse bommenwerper zijn bommenlast boven Soest. Op de grond vallen drie doden. Het eerste slachtoffer van de Duitse terreur valt op 25 juli 1941 in Soest. Een groep jongens gooit de ruiten in van een aanhanger van de Nationaal-Socialistische Beweging (NSB), de Nederlandse politieke partij die de kant van de bezetter heeft gekozen. Gealarmeerde soldaten schieten op de wegvluchtende daders en raken een van hen in het hoofd.[60]

Met de Duitse inval komt een abrupt einde aan de 'mooie functie' van Cees Oranje bij de scheepswerf Gusto. 'Ik had toen de intuïtie om onmiddellijk te verdwijnen,' zegt hij later over zijn vertrek. 'En maar goed ook, want voor de *Kriegsmarine* was Werf Gusto *gefundenes Fressen*. Mijn opvolger én de Directie zijn ná de oorlog in grote moeilijkheden gekomen.'[61]

De spanningen die gepaard gaan met de bezetting, beïnvloeden Mieps schoolprestaties niet. In juli behaalt ze haar diploma ulo A, zonder algebra en meetkunde. Ze legt in tien vakken examen af. Haar cijfers zijn uitstekend. Ze behoort tot de besten van de klas. Miep is de enige met een 8 voor Nederlands en een 9 voor aardrijkskunde en – met dank aan haar verblijf in Dover – Engels. Haar laagste cijfer is een 7, voor Duits, handelsrekenen en schrijven. Voor Frans, geschiedenis, handelsboekhouden en kennis der natuur prijkt een 8 op haar cijferlijst. De lokale krant maakt melding van de zeventien geslaagden van de christelijke ulo. Miep staat als eerste genoemd. Vier leerlingen hebben het examen niet gehaald.[62] Haar goede examenresultaten bieden Miep de kans na de zomer door te stromen naar de vierde klas van de hbs-afdeling van Het Baarnsch Lyceum. Dit is alleen weggelegd voor talentvolle leerlingen van deulo.

De in 1919 door gegoede Baarnse ouders opgerichte middelbare school met een afdeling gymnasium, hbs A en hbs B is ondergebracht in villa 'Waldheim' aan de Stationslaan. Het statige huis is rond 1883 gebouwd als vakantieverblijf voor de Amsterdamse familie Teixeira de Mattos. Het koetshuis is vergroot en ingericht als gymnastieklokaal. Het koetsiershuis doet dienst als docentenwoning. Vlak bij de twee stations die het dorp telt, is de school aantrekkelijk voor leerlingen uit omliggende plaatsen. Omdat het aantal leerlingen toeneemt, moet de school al snel worden uitgebreid met een lesvleugel. In 1926 volgt een aula met een toneel en twee kleedkamers. Bij de opening van deze nieuwbouw krijgt het lyceum een embleem (de sleutelbloem) met een randspreuk. Beide zijn gekozen door rector dr. J.A. Vor der Hake. De

Het Baarnsch Lyceum in de villa Waldheim. Het Utrechts Archief

bloem staat volgens hem symbool voor het leven van de leerlingen, 'dat nog geheel in opgaande lijn is'. Voor de randspreuk kiest hij 'woorden, zwaar van verantwoordelijkheid, maar ook vol van belofte en idealisme: Het pad der rechtvaardigen is als de morgenglans'.[63]

Miep fietst zes dagen in de week de ongeveer 7 kilometer van Soest naar Baarn. Haar rooster op de hbs A telt 34 lesuren van vijftig minuten. Meer dan de helft van de uren gaat op aan talen (Nederlands, Frans, Hoogduits, Engels) en handelswetenschappen. Haar andere vakken zijn geschiedenis, staatsinrichting, staathuishoudkunde, aardrijkskunde, wiskunde, scheikunde en lichamelijke opvoeding. Op woensdag- en zaterdagmiddag is ze vrij. De eerste les begint om 08.45 uur. Doordat de Duitsers de zomertijd door laten lopen beginnen de lessen van 11 november 1940 tot 1 maart 1941 om 10.00 uur. Omdat de schooldag korter is, worden de lessen ingekort tot veertig minuten. In een poging brandstof te besparen worden de uren van zaterdagochtend tijdelijk naar de woensdagmiddag verplaatst. Het culturele leven op de school met ongeveer 360 leerlingen – 256 jongens en 104 meisjes – lijdt niet onder de bijzondere omstandigheden. Leerlingen geven toneelvoorstellingen, spelen in de schoolrevue of repeteren met het schoolorkest. Op de jaarlijkse sportdag van de vier oudste Nederlandse lycea laten de Baarnse lyceïsten in april 1940 Amsterdam, Den Haag en Bloemendaal voor het vierde jaar op rij achter zich.[64]

Miep valt op Het Baarnsch Lyceum op door haar zwijgzaamheid. 'Ze was een teruggetrokken meisje dat nauwelijks aansluiting bij de overige leerlingen had,' zeggen voormalige klasgenoten. Haar gezicht 'had iets blotigs' omdat ze 'eigenlijk geen wenkbrauwen had,' merken zij op. Mieke Zalmann woont niet ver van de Braamweg in Soest-Zuid en fietst elke dag met Miep naar school. Vriendinnen zijn de twee niet. 'Zelf vond ik het een onaangenaam mensenkind.' Ook Zalmann herinnert zich haar zwijgzaamheid. 'Ze was niet erg spraakzaam en hield zich tamelijk afzijdig op school. Maar als ze ergens over sprak, was dat wel op overtuigende wijze.' Net als bij de medeleerlingen van de ulo zullen de herinneringen van haar klasgenoten van de hbs gekleurd zijn door Mieps latere leven. Over de oorlog wordt volgens medeleerlingen niet of nauwelijks gesproken op Het Baarnsch Lyceum. 'We moesten hard blokken op school en daar hadden we onze handen vol aan.' Als de bezetting wel onderwerp van gesprek is, toont Miep zich 'anti-Duits'. 'Ze kon haar ideeën daarover heel goed formuleren.'[65]

Toch is de oorlog niet ver weg op school. In januari 1941 is de opschudding groot nadat de hoofdgang vol is gekalkt met anti-Duitse leuzen. De dader is leerling Ernst Sillem. De 17-jarige Sillem sluipt op de avond van 23 januari het ouderlijk huis uit met een verfkwast, een leeg jampotje en een paar handschoenen. Op het moment dat een trein voorbijrijdt slaat hij een ruit in en dringt het schoolgebouw binnen. Nadat hij het jampotje heeft gevuld met inkt, bekladt hij de gangmuren met leuzen als 'Weg Hitler De Rover! De Moordenaar!' en 'Vergeet Oranje Niet Niet!!' De Duitsers reageren woedend en sluiten de school voor een week. Een uitgebreid onderzoek naar de dader levert niets op. Sillem maakt pas decennia na de oorlog bekend dat hij verantwoordelijk is voor de leuzen. Hij is niet trots op zijn actie en heeft daarom lange tijd gezwegen.[66] Na de actie van Sillem waarschuwt de rector van het lyceum de ouders en verzorgers van de leerlingen. Tegen eenieder die zich niet onthoudt van politieke uitingen zal streng worden opgetreden. Leerlingen mogen niet openlijk anti-Duits spreken of handelen. Dat laatste betekent ook dat kinderen van NSB'ers niet mogen worden gepest.[67]

Na de zomer van 1941 begint Miep in de eindexamenklas van de hbs A. Net als op andere scholen in het land zitten op Het Baarnsch Lyceum geen Joodse kinderen meer. De Duitse bezetter heeft bepaald dat zij per 1 september alleen nog maar naar aparte Joodse scholen mogen. Het is een rommelig laatste schooljaar voor Miep. Begin 1942 gaat Het Baarnsch Lyceum enkele maanden dicht wegens gebrek aan brandstof. De winter is streng. De temperatuur ligt in januari dagen achtereen fors onder het vriespunt. Er is niet tegen op te stoken. Op 22 januari wordt de achtste editie van de Elfstedentocht verreden. Drie leerlingen van de school rijden de zware schaatstocht uit. Een kleine week later zakt het kwik in De Bilt tot -24,8 °C, op dat moment de laagste temperatuur ooit gemeten bij het weerstation van het KNMI. De schoolsluiting betekent niet dat Miep de gehele week thuiszit bij haar vader en stiefmoeder. Eindexamenleerlingen krijgen een paar dagen in de week les in Hotel Zeiler aan het Stationsplein. In april 1942 vorderen de Duitsers het schoolgebouw. Twaalf klassen van Het Baarnsch Lyceum wijken dan uit naar verschillende (school)gebouwen in het dorp.[68] De vier eindexamenklassen worden naar huis gestuurd om voor zichzelf te werken. Mieps leven is weer beperkt tot Soest. Door de vordering van de school zijn toneeluitvoeringen niet meer mogelijk. Het blijft bij één geslaagde uitvoering in december 1940. De muzikale vorming 'Een uur muziek' wordt geen vier maar slechts twee keer gehouden. Het schoolorkest is bij gebrek aan aanmeldingen in het nieuwe schooljaar niet van de grond gekomen. De sportdag (interlyceale) gaat wel door, maar Het Baarnsch Lyceum weet in Den Haag niet opnieuw de winst te grijpen.[69]

Op de hbs blijft Miep goed presteren. De oorlogsomstandigheden hebben geen invloed op haar schoolresultaten. Haar cijfers worden in de loop van de tijd alleen maar beter. In het eindexamenjaar is ze zelfs de beste van de klas. Op haar cijferlijst prijken aan het eind van het schooljaar een 10 voor Engels en aardrijkskunde en een 9 voor geschiedenis. Haar laagste cijfer is een 6, voor staatsinrichting. Voor wiskunde en scheikunde scoort ze ook een 6 in het laatste schooljaar, maar in beide vakken hoeft ze geen eindexamen te doen.[70]

Gezien haar goede resultaten en de mogelijkheid voor haar vader om haar financieel te ondersteunen, staat de weg open om te gaan studeren. Ze meldt zich aan voor de studie sociale geografie aan de Rijksuniversiteit Utrecht. Deze studie is vooral een opleiding tot leraar aardrijkskunde, samen met Engels Mieps beste vak op de hbs. Vrouwen vormen een kleine minderheid aan de Nederlandse universiteiten. Onder de 2359 studenten die in het cursusjaar '39-'40 in Utrecht staan ingeschreven, zijn 516 vrouwen.[71]

Een fragment van de foto van de examenklas 1941/1942 van de hbs A van Het Baarnsch Lyceum. Historisch Documentatiecentrum voor het Nederlands Protestantisme

Als Miep in oktober 1942 als 19-jarige in Utrecht aankomt, is het academische leven in de stad ernstig ontwricht. Nadat de Duitsers de eerste maanden na de inval de Nederlandse universiteiten in de waan hebben gelaten dat alles grotendeels bij het oude zou blijven, zijn de maatregelen elkaar opgevolgd. Eind november 1940 lopen de spanningen in de verschillende universiteitssteden hoog op omdat alle Joodse personeelsleden op last van de Duitsers moeten worden geschorst. In Utrecht gaat het om zeven medewerkers, onder wie drie hoogleraren. Anders dan in Leiden en Delft leidt deze anti-joodse maatregel niet tot stakingen. Uit angst voor tegenmaatregelen als er verzet zou rijzen, kiest het Utrechtse universiteitsbestuur voor een behoedzame aanpak. Te allen tijde moet worden voorkomen dat de onderwijsinstelling wordt gesloten. Een aantal Utrechtse hoogleraren protesteert tijdens hun colleges wel tegen de schorsing van de Joodse collega's, maar spoort studenten niet aan zich daartegen te verzetten. Hoogleraar biologie Victor Jacob Koningsberger roept zijn studenten op te blijven volharden in hun 'bewonderenswaardige zelfbeheersching'.[72]

Rector magnificus Kruyt dringt er in een aanplakbiljet bij de studenten op aan zich neer te leggen bij het onvermijdelijke en niets te ondernemen dat de universiteit kan schaden. 'Ook al voelt men zich gewond, daarom slaat men toch niet de hand aan zich zelf.' Een anoniem tegenpamflet waarin wordt opgeroepen met ingang van 1 december te gaan staken, vindt onvoldoende gehoor.[73] De schorsing van de Joodse hoogleraren en andere Joodse medewerkers wordt in februari 1941 omgezet in ontslag. Joodse studenten zijn ook niet langer welkom. Op panden van de universiteit worden bordjes bevestigd met de tekst VOOR JODEN VERBODEN. Het studentenleven staat op een laag pitje nadat de Duitsers in de zomer van 1941 de gezelligheidsverenigingen hebben verboden.

De eerstejaars die zich in oktober 1942 net als Miep op de Utrechtse universiteit melden, zijn bijna allemaal meisjes. Jongens die eindexamen hebben gedaan, moeten eerst een halfjaar naar een werkkamp van de Nederlandse Arbeidsdienst. Miep is een van vijf meiden die aan de opleiding sociale geografie beginnen. Voor het kandidaatsexamen moet ze de vakken sociale aardrijkskunde, beschrijvende volkenkunde, geschiedenis en natuurkundige aardrijkskunde volgen.[74]

Miep gaat niet op kamers of bij een hospita in Utrecht wonen. Ze blijft bij haar vader en stiefmoeder aan de Braamweg. Er is geen noodzaak om te verhuizen. Het ouderlijk huis is groot genoeg en de treinverbinding tussen Soest en Utrecht is goed. Net als de meeste geografiestudenten wordt ze lid van de nog niet verboden Vereeniging Utrechtsche Geographische Studenten (VUGS). Deze bloeiende studievereniging organiseert lezingen, excursies en feestavonden. Miep doet ook mee aan de activiteiten die in november worden gehouden rond het vierde lustrum van de VUGS. Het 20-jarige bestaan wordt niet groots gevierd. De omstandigheden ontnemen de vereniging iedere lust tot viering, schrijft de VUGS-preses in de begeleidende tekst bij het lustrumprogramma. Miep schuift aan bij het diner in restaurant Esplanade in de stadsschouwburg aan het Lucasbolwerk. Ze staat breed lachend op een foto die na de soep is genomen. De middag voor eerstejaars alsmede de tentoonstelling over de ontwikkeling van de wereldkaart in de hal van het Geografisch Instituut aan de Drift zal ze niet aan zich voorbij hebben laten gaan. De interfacultaire sportdag op de velden van voetbalvereniging Hercules zal ze gezien haar niet al te sportieve aanleg over hebben geslagen.[75] Als VUGS-lid maakt Miep kennis met Wim Eggink. De ouderejaars is de preses van de studievereniging in het lustrumjaar. Zonder dat veel van zijn medestudenten het weten, is Eggink actief in het studentenverzet. Hij was de opsteller van het anonieme pamflet waarin werd opgeroepen te staken als protest tegen de schorsing van Joodse hoogleraren en andere medewerkers van de universiteit. Eggink is lid van de in maart 1942 opgerichte Raad van Negen, het overlegorgaan van het studentenverzet in de negen steden met een universiteit of technische hogeschool.[76]

Miep woont in 1942 het lustrumdiner van studievereniging VUGS bij.
Collectie A.M.R. Plomp-Braams/Ben de Pater

Een maand na het vierde lustrum van de VUGS lopen de spanningen aan de Utrechtse universiteit hoog op. De Duitsers zijn naarstig op zoek naar arbeidskrachten voor de oorlogsindustrie. Het streven is voor het einde van het jaar 25.000 mannen te ronselen. Zesduizend dwangarbeiders moeten op de universiteiten en hogescholen worden gevonden. De onderwijsinstellingen worden gevraagd om de namen van alle ingeschreven studenten. Deze oproep brengt vijf Utrechtse studenten ertoe in de nacht van 11 op 12 december 1942 brand te stichten in de studentenadministratie van het Academiegebouw. De Duitsers pakken twaalf studenten en een medisch analist op, die part noch deel aan de brandstichting hebben. Uit angst voor meer arrestaties, verlaten studenten de stad. De onrust wordt nog groter als een paar dagen later de Raad van Negen middels plakkaten oproept te gaan staken. De actie is niet alleen tegen de verplichte tewerkstelling gericht, maar ook tegen het uitroepen van NSB-leider Anton Mussert tot 'Leider van het Nederlandsche volk'. De Utrechtse faculteitsverenigingen, waaronder de VUGS, scharen zich achter de oproep. Als rector Van Vuuren, die Kruyt is opgevolgd, de verenigingen op andere gedachten probeert te brengen, leggen de bestuursleden hun functies neer. De faculteitsverenigingen houden op te bestaan. De gezellige uitjes en bijeenkomsten van de VUGS zijn voorbij voor Miep. In een poging de rust en orde te herstellen kondigt Van Vuuren een vervroegde kerstvakantie af. De universiteit sluit per 15 december voor ruim een maand de deuren.[77]

Als de universiteit in de loop van januari 1943 heropent en Miep weer colleges kan volgen, zit ze niet langer alleen met studentes in de zaal. Dertien jongens die zich hadden aangemeld voor de studie, hebben hun halfjaar bij de Nederlandse Arbeidsdienst erop zitten. Van studeren komt niet veel in het nieuwe jaar. Op 5 februari wordt luitenant-generaal b.d. en voormalig NSB'er Hendrik Seyffardt in de deur van zijn woning in Den Haag neergeschoten. Voordat hij de volgende dag sterft aan zijn verwondingen, verklaart hij dat de daders twee studenten zijn. De Duitsers reageren door razzia's te houden in verschillende studentensteden. Bijna zeshonderd studenten, onder wie ongeveer 120 in Utrecht, worden opgepakt en opgesloten in concentratiekamp Vught. De universiteiten komen door alle gebeurtenissen stil te liggen.[78]

Het duurt tot 1 juni voordat de colleges aan de Rijksuniversiteit Utrecht worden hervat. Veel stelt het onderwijs dan niet meer voor. Alleen studenten die een verklaring hebben getekend waarin ze beloven zich niet anti-Duits te gedragen, zijn welkom. De Raad van Negen roept op deze loyaliteitsverklaring 'onder geen voorwaarde' te tekenen. Rector Van Vuuren waarschuwt op zijn beurt dat wie de verklaring niet tekent het risico loopt in Duitsland te werk te worden gesteld. Van Vuuren acht het tekenen 'van veel minder beteekenis dan het behoud van ons Hooger Onderwijs'. Van de Utrechtse studenten tekent 12,4 procent de loyaliteitsverklaring. In Nijmegen waar het bestuur van de Katholieke Universiteit weigert de loyaliteitsverklaring naar de studenten te sturen, bedraagt het percentage ondertekenaars slechts 0,3 procent. In Delft adviseert de senaat van de Technische Hogeschool positief over ondertekening. Ruim een kwart van de studenten (25,6 procent) geeft hier gehoor aan.[79]

Of Miep weigert de loyaliteitsverklaring te tekenen, is niet met zekerheid te zeggen. Maar het is niet waarschijnlijk dat ze haar handtekening zet. Als vrouw loopt ze geen groot risico om naar Duitsland te worden gestuurd om te werken. Van de ongeveer tweeduizend vrouwelijke studenten op de verschillende universiteiten en hogescholen in het land beloven slechts 120 zich te onthouden 'van iedere tegen het Duitsche Rijk, de Duitsche weermacht, of de Nederlandsche autoriteiten gerichte handeling, zoomede van handelingen of gedragingen welke de openbare orde aan de inrichtingen van hooger onderwijs, gezien de vigeerende omstandigheden, in gevaar brengen'.[80] Maar ook de ondertekenaars blijven verstoken van onderwijs omdat veel Utrechtse hoogleraren en docenten er weinig voor voelen colleges te geven aan de kleine groep overgebleven studenten. Na de 'groote vacantie' van 1943 suddert het onderwijs aan de Rijksuniversiteit Utrecht verder op de 'waakvlam'.[81]

Het moet een hard gelag zijn voor Miep. Na haar hbs-examen is ze vol ambitie begonnen aan de studie sociale geografie met als vooruitzicht een baan als lerares aardrijkskunde. Via de faculteitsvereniging VUGS heeft ze kennisgemaakt met het studentenleven en daarvan genoten. Onder druk van de Duitse bezetter is aan dit alles binnen een jaar een einde gekomen.

2

Koerierster voor het verzet

Doordat het universitaire leven nagenoeg stil is gevallen, brengt Miep noodgedwongen veel van haar tijd door in Soest. Daar kan ze terugvallen op de vriendenkring die rond de gereformeerde Wilhelminakerk in Soest-Zuid is ontstaan. De jongens en meiden van de groep zoeken elkaar op zaterdagavond op. Ze draaien grammofoonplaten en dansen met elkaar. Miep treedt tijdens deze avonden niet op de voorgrond. Anders dan de andere meiden heeft ze geen vriendje binnen de groep. Ze voelt zich een beetje buitengesloten in de vriendengroep. Het gebeurt geregeld dat een van haar vriendinnen haar broer aanspoort met Miep te dansen, om te voorkomen dat ze de gehele avond als een muurbloempje aan de kant staat.[1]

Miep zoekt een van de leden van de groep, Miep Quelle, af en toe thuis op aan de Torenstraat. De ouders van Quelle drijven een kruidenierswinkel. De twee zijn geen hartsvriendinnen, maar Miep gaat graag langs bij de familie Quelle. De deur van het winkelwoonhuis staat altijd open voor vrienden en vriendinnen van dochter Miep en haar ruim twee jaar jongere broer Arend.[2] Het is door haar contact met Miep Quelle dat Miep in de loop van 1943 in aanraking komt met het lokale verzet.

Quelle lijdt sinds 1942 aan niertuberculose en is bedlegerig. Ondanks haar chronische aandoening is ze net als haar ouders en broer actief in het verzet tegen de Duitse bezetter. Aanvankelijk verkoopt ze vanuit haar ziekbed duikelaartjes aan haar bezoek. Deze tuimelende houten speelgoedpoppetjes zijn gemaakt door onderduikers die haar oom Arend Smit verzorgt.[3] De Amsterdammer Smit heeft meer dan honderd (Joodse) onderduikers onder zijn hoede, waarvan er twintig in Soest zijn ondergebracht. Om aan geld te komen voor hun verzorging laat hij de onderduikers werken. Ze maken tassen, mappen en manden van gevlochten stro. Uit kachelblokken worden speelgoedscheepjes, -vliegtuigen en duikelaartjes gesneden. De producten worden verkocht in (betrouwbare) winkels.[4]

Miep Quelle beperkt zich niet tot de verkoop van speelgoedpoppetjes. Gaandeweg gaat haar bed dienstdoen als tussenstation voor koeriersdiensten. Brieven en pakketjes die bij haar worden afgegeven, bewaart ze onder haar matras totdat ze worden opgehaald. Als een van de vaste koeriersters uitvalt, krijgt Quelle de vraag of ze een betrouwbare vervangster weet. Ze denkt meteen aan haar vriendin en geloofsgenote Miep Oranje. Die hoeft op haar beurt niet lang na te denken over het verzoek. Nadat ze heeft gevraagd of het gevaarlijk werk is, gaat ze aan de slag als koerierster voor het verzet.[5] Haar vader houdt haar niet tegen. Cees Oranje biedt op zijn beurt hulp aan dorpsgenoten die op zoek zijn naar een onderduikadres om aan tewerkstelling in Duitsland te ontkomen. Een van de mannen die hij helpt, is een broer van Ans Hornsveld, Mieps voormalige klasgenootje op de School met de Bijbel. Oranje regelt dat Henk Hornsveld terechtkan bij een ouder echtpaar in Utrecht. Op het station in Utrecht wordt hij opgewacht. 'Meneer Oranje had tegen me gezegd dat ik een opgerolde krant in mijn linkerhand moest houden en uitkijken naar een man met grijze hoed, die ook een krant in de linkerhand zou hebben. Hij stond er, zei niets, alleen maar een knikje. Hij bracht me naar mijn onderduikeradres.' Na vier weken verhuist Henk naar een volgend onderduikadres, een boerderij in Schoonrewoerd, een dorp tussen Leerdam en Vianen. De stemming binnen de familie Hornsveld is vanaf het begin van de oorlog anti-Duits. Dat uit zich onder meer in de naam die Dirk en Anna Hornsveld hun dochter – de tiende telg – geven die op 12 maart 1941 wordt geboren: Yvonne Irene Bernharda.[6]

Henk Hornsveld is een van de vele Soester mannen tussen de achttien en vijftig jaar die zich proberen te onttrekken aan de *Arbeitseinsatz*. Een Soestse schrijft aan haar zoon die in Friesland woont, dat 'moeders zuchten omdat hun jongens weg zijn, ver weg en onder welke omstandigheden?'[7] Hoe groot het aandeel van Cees Oranje is bij het zoeken van onderduikadressen is onduidelijk. Hornsveld is de enige die na de oorlog melding maakt van Oranjes verzetsactiviteiten.

De kerende oorlogskansen en het feit dat de bezetting langzamerhand de gehele Nederlandse burgerbevolking treft, drijft in 1943 een groeiend aantal mannen en vrouwen de illegaliteit in. De Duitsers hebben aan het begin van het jaar de slag om de Russische stad Stalingrad verloren. In Noord-Afrika rukken de Britten en de Amerikanen op. De zware strijd aan het Oostfront kost de Duitsers veel mankracht. Om het tekort aan arbeidskrachten in Duitsland op te vangen, worden driehonderdduizend mannen die in mei 1940 onder de wapenen zijn geweest, opgeroepen zich te melden als krijgsgevangenen. Uit protest hiertegen komt het tot spontane werkonderbrekingen bij bedrijven en fabrieken verspreid over het land. De april-meistakingen worden door de Duitsers met harde hand neergeslagen. In twee weken tijd worden 117 doodvonnissen geveld, waarvan tachtig worden bekrachtigd. Op straat vallen nog eens 95 doden door Duits geweervuur en raken er 420 personen gewond.[8]

De harde hand waarmee tegen de stakers wordt opgetreden, wakkert de weerstand tegen de bezetter aan. 'Tot begin 1943 hoorde je vooral op het platteland nog dikwijls dat het allemaal wel meeviel met die Duitsers. Nadien was dat niet langer aan de orde.' Het verzet groeit niet alleen, maar radicaliseert ook. 'Ondergrondse organisaties gingen zich nog intensiever bezighouden met spionage, sabotage, liquidaties, de illegale pers en het vervalsen van papieren.'[9] In de loop van 1943 zijn in Soest en omgeving meerdere (kleine) verzetsgroepen actief. Ze zoeken onderduikadressen voor vervolgde Joden en voor (jonge)mannen die de gedwongen inschakeling in de Duitse oorlogseconomie proberen te ontlopen. Een aantal groepen pleegt overvallen om aan distributiebonnen, identiteitsbewijzen en andere papieren voor onderduikers te komen.[10]

Het aantal Nederlanders dat tijdens de vijf bezettingsjaren actief is in het verzet, ligt op ongeveer 45.000.[11] Het is een klein percentage (0,5 procent) van de ongeveer 9 miljoen inwoners. Onder hen zijn ruwweg drieduizend vrouwen.[12] De rol van vrouwen in de illegaliteit is over het algemeen dienend. De traditionele rolverdeling tussen man en vrouw zette zich voort in het verzet.[13] Het aantal vrouwen dat een leidinggevende positie heeft binnen een verzetsgroep, betrokken is bij spionageactiviteiten of actief meedoet aan gewapende overvallen of liquidaties, is beperkt. De meeste verzetsvrouwen houden zich bezig met enige vorm van koerierswerk. Ze brengen berichten over en bieden hulp aan onderduikers door te zorgen voor adressen, geld, bonkaarten en valse persoonsbewijzen. Vrouwen zijn ook actief bij het verspreiden van illegale krantjes.[14]

Door hun rol 'dienend' of 'helpend' te noemen, wordt geen recht gedaan aan het werk van koeriersters, is betoogd. Uit de woorden zou onderwaardering spreken en onvoldoende oog voor het complexe koeriersterbestaan.[15] Een koerierster zegt terugkijkend op haar werk:

> Het koerierswerk hield in... nou ja, adressen zoeken [...] bonkaarten halen, als er overvallen gepleegd waren bonkaarten wegbrengen, alles trouwens wat die opleverden, want de meeste tijd waren het niet alleen bonkaarten, maar er was van alles bij, troep, wegbrengen, halen en brengen naar een contactadres, en verschillende adressen [...], enne, wapens dragen natuurlijk hè, met de jongens mee, met de mannen mee.

Voor het overbrengen van de brieven, boodschappen, bonkaarten, geld, spionagegegevens en wapens wordt gebruikgemaakt van het 'vrouw-zijn'. Het illegale materiaal wordt verstopt in kinderwagens, tassen met onschuldig uitstekende handwerkjes, dubbele rokbeschermers van de fiets, linnen zakjes die onder de kleding worden gedragen, koffers, of korsetten en step-ins (corrigerend ondergoed).[16]

Koerriersters moeten niet zelden in hun eentje beslissingen nemen die grote gevolgen kunnen hebben, zoals wel of niet aanbellen bij een huis dat ze niet helemaal vertrouwen. 'Bij het vervoeren van zwaar materiaal, zoals wapens en loden zetsel, kon elke verkeerde beweging fataal zijn, zoals wanneer een man beleefd zijn plaats wilde afstaan aan een vrouw die niet kon gaan zitten, vanwege het onbuigzame lood in de step-in.' Het belang van koeriersters voor het verzet wordt door sommige onderzoekers 'immens' genoemd. Zonder koeriersters kon geen enkel verzetsnetwerk bestaan, wordt gesteld. 'De grootste verdienste van koeriersters is geweest, dat zij organisaties draaiende hielden, die zich niet konden bedienen van persoonlijke contacten, gewone post en telefoon.'[17]

Mieps deelname aan het verzet als koerierster is geen bewuste stap. Door het verzoek van haar vriendin Miep Quelle rolt ze min of meer bij toeval in het illegale werk. Van een 'gevoelde noodzaak', een van de drie factoren voor vrouwen om 'ja' te zeggen tegen verzetswerk, lijkt bij haar geen sprake. Miep heeft als jonge, ongehuwde vrouw de 'mogelijkheid' in de illegaliteit actief te worden. Haar burgerlijke staat en gezinssituatie zijn anders dan voor een getrouwde vrouw met jonge kinderen geen remmende omstandigheden. Ze heeft ook tijd te over nu ze niet meer studeert. Een derde factor die meespeelt bij vrouwen om verzet te plegen, is 'bereidheid', waarbij karakter en mentaliteit een rol spelen.[18] Miep stort zich ondoordacht en met een zekere naïviteit in een nieuw avontuur. Haar vraag aan Miep Quelle of het koerierswerk gevaarlijk is, getuigt hiervan. Ze heeft geen benul waaraan ze begint. Van de risico's die ze loopt als koerierster is Miep zich niet bewust.

Hoewel vrouwen minder gevaar lopen dan mannen om door de Duitsers te worden aangehouden, is verzetswerk medio 1943 ook voor hen allerminst zonder risico's. In de *Polizeigefängnis* in het Huis van Bewaring in Scheveningen, dat in de volksmond bekendstaat als het Oranjehotel, is in het najaar van 1940 door de Duitsers een aparte vrouwenafdeling ingericht. Van het totaal aantal gevangenen in het Oranjehotel is 11 procent vrouw.[19] In Kamp Vught is begin mei 1943 een vrouwenkamp (*Frauenlager*) geopend. Een halfjaar na de opening telt het kamp 885 vrouwelijke gevangenen, onder wie ongeveer vierhonderd Joodse vrouwen. Het merendeel van de niet-Joodse vrouwelijke gevangenen zit vast vanwege illegaal werk.[20] Gevangenisstraffen van enkele maanden worden in Nederland uitgezeten. Vrouwen die zwaarder worden gestraft of een tuchthuisstraf krijgen opgelegd, gaan op transport naar een strafinstelling in Duitsland.[21]

Dat een klein vergrijp al tot een maandenlange celstraf kan leiden, illustreert de arrestatie van een 21-jarige vrouw uit Enschede in het najaar van 1940. Begin oktober krijgt

Riet Hoogland van een vriendin een kritisch versje toegespeeld over het Duitse bombardement op Rotterdam vijf maanden eerder. Thuis op de typemachine van haar vader maakt Hoogland een afschrift van het gedichtje. De volgende dag neemt ze het versje mee naar het administratiekantoor van de textielfabriek waar ze werkt en laat het aan haar collega's lezen. De eerste regels luiden:

> Er kwamen vliegers aangevlogen
> Haast als lammetjes zo zacht
> Die hebben vol mededogen
> Een bezoek aan Rotterdam gebracht

Een pro-Duitse collega die lid is van de NSB, reageert woedend als hij het gedichtje onder ogen krijgt en stapt naar de Duitsers. Hoogland en een aantal collega's worden opgepakt voor hun 'politieke misdaad' en veroordeeld door het *Feldgericht*. Hoogland die het 'haatschrift' heeft verspreid en geen berouw toont tijdens de rechtszaak, krijgt de zwaarste straf: acht maanden gevangenisstraf met aftrek van voorarrest. Drie collega's worden veroordeeld tot zes maanden. Begin januari 1941 wordt Riet Hoogland van een cel in het politiebureau in Enschede overgebracht naar de Duitse gevangenis in Scheveningen.[22] Rond de tijd dat Miep actief wordt in het verzet, zijn door de Duitsers nog geen vrouwelijke verzetsstrijders geëxecuteerd. De eerste doodvonnissen worden in het najaar van 1943 voltrokken in concentratiekamp Sachsenhausen in het Duitse Oranienburg. De slachtoffers zijn Truus van Lier, Nel Hissink en Reina Prinsen Geerligs.[23]

Net als mannen lopen opgepakte vrouwen de kans hardhandig aangepakt te worden bij verhoren. De Tilburgse Leonie van Harssel die betrokken is bij de hulp aan neergestorte geallieerde piloten, wordt door de Duitsers vijf dagen zonder eten en frisse lucht opgesloten in een cel. Tijdens een verhoor dreigt een SD'er haar moeder en haar zus te arresteren als ze niet vertelt waar de piloten zijn ondergebracht.[24] De in het Gelderse Ede opgepakte koerierster Rachel 'Didi' Roos wordt tijdens haar verhoor door twee Vlaamse SD'ers tegen de grond geslagen als ze de adressen van twee gezochte verzetsmannen niet wil noemen. Als ze weer opstaat, wordt ze opnieuw neergeslagen. Een derde SD'er trekt de blauwe das, die Roos omheeft, zo strak aan, dat zij bijna geen adem meer kan halen. Ze wordt vervolgens languit op een tafel gelegd en met stokken op haar buik en op haar dijen geslagen.[25]

Onwetend van de risico's en gevaren gaat Miep aan de slag voor het verzet. Haar belangrijkste opdrachtgever voor koerierswerk wordt de Amsterdammer Dick van der Meer. Hij stelt zich aan haar voor als 'Wim'. Of de twee door tussenkomst van Miep Quelle met elkaar in contact komen of via iemand anders, is niet duidelijk. De 28-jarige communist Van der Meer zit ondergedoken in buurdorp Baarn. Hij is betrokken geweest bij een door de Duitsers opgerolde zendgroep die contact onderhield met de Komintern, het wereldwijde samenwerkingsverband van communistische partijen dat in Moskou was gevestigd. Van der Meer heeft zich beziggehouden met het verzamelen van informatie over onder meer legering en verplaatsing van Duitse troepen in het midden van het land.[26]

In het voorjaar van 1943 is Van der Meer een van de oprichters van de landelijke Raad van Verzet in Amersfoort. Deze organisatie is bedoeld als koepel van verzetsgroepen die zich toeleggen op sabotage, liquidaties, overvallen en andere vormen van gewapend verzet. Van der Meer houdt het na een maand voor gezien in de landelijke leiding. Vanuit het communistisch verzet wordt Gerben Wagenaar als zijn opvolger naar voren geschoven. De coördinerende rol van de organisatie komt niet van de grond. De Raad van Verzet groeit wel uit tot een nieuwe verzetsgroep naast reeds bestaande groepen. Nadat aan zijn werk voor de communistische zendgroep noodgedwongen een einde is gekomen, gaat Van der Meer vanaf zijn onderduikadres aan de slag als commandant van de Raad van Verzet voor Gooi- en Eemland, waaronder ook Baarn en Soest vallen.[27] Het is niet alleen de afkeer van de nazi's die de communist drijft. Het verzet boeit hem vanwege de 'eerlijke kameraadschap' en 'omdat het een andere manier was om indiaantje te spelen'.[28]

Een van de adressen die Miep in opdracht van Van der Meer geregeld bezoekt, is de Van Lenneplaan 70 in Soest. Op vijf minuten fietsen van haar ouderlijk huis woont in deze straat aan de zuidoostkant van het dorp Alma Beekman.[29] De vrijstaande woning van de weduwe Beekman is de vaste plek van de Landelijke Knokploeg Soest om samen te komen. Alma Beekman-Martin is van Duitse afkomst en getrouwd geweest met een leraar Nederlands. De verzetsstrijders noemen haar liefkozend 'Mama Beekman'. 'Als wij de boodschap kregen om bij Mama te komen en ons Meisje mee te nemen, dan betekende dit dat we naar de Van Lenneplaan moesten komen en ons pistool mee moesten nemen. Met andere woorden: we gaan op actie,' vertelt een van de leden na de oorlog over de ontmoetingsplek.[30]

De Soester knokploeg is voortgekomen uit een verzetsgroep die aan het begin van de oorlog rond de vrienden Beer van Veenendaal en Rein Hogeboom is ontstaan. De groep opereert aanvankelijk onder de Raad van Verzet. Nadat de Landelijke Organisatie voor Hulp aan Onderduikers in augustus 1943 de eerste knokploegen opricht om overvallen te plegen om aan bonkaarten en persoonsbewijzen te komen, gaan de leden verder als Knokploeg Soest.[31] De knokploeg pleegt zijn gewapende acties buiten het dorp. De eerste overval vindt op 9 september 1943 plaats op het distributiekantoor in Geldermalsen waarbij 7246 bonkaarten voor levensmiddelen en andere schaarse goederen buit worden gemaakt. Later in het jaar volgen overvallen in Zwolle, Maartensdijk, Ochten, Opheusden, Kesteren en nogmaals in Ochten. Een poging in te breken in het distributiekantoor in Baarn mislukt. Hogeboom verklaart later dat de schoonmaakster weigert de mannen binnen te laten. 'Ons een weg naar binnen forceren had te veel lawaai gemaakt en bovendien was het een hele heldere nacht.'[32]

Als Miep zich voor de eerste keer met een boodschap bij Mama Beekman meldt, is Willem Lengton de onbetwiste leider van de Soester knokploeg. De 26-jarige Lengton werkt voor de oorlog bij de Rijksdienst voor de Werkverruiming in Zwolle en heeft een passie voor de padvinderij. In de meidagen van 1940 vecht hij als vaandrig bij de Grebbelinie. Hij duikt in juni 1943 in Soest onder om te ontkomen aan tewerkstelling in Duitsland. Lengton, die zich bedient van de schuilnaam Wim van de Elst, staat aan de basis van de plannen van de knokploeg en is nauw betrokken bij de uitvoering.[33] Volgens mede KP'er Eb Huttinga is de Zwollenaar 'een stille, maar heel handige knaap'. 'Hij zei niet veel, maar maakte ook niet de indruk dat hij bang of zenuwachtig was.'[34]

Een tweede adres waar Miep als koerierster vaak komt, is verder van huis. Verscholen in de bossen bij Lage Vuursche, op een halfuur fietsen ten westen van Soest, ligt een half ingegraven hut waar een aantal onderduikers woont. Op zoek naar een schuilplek zijn drie jongemannen voor wie tewerkstelling in Duitsland dreigt, daar eind juni 1943 neergestreken. Nadat ze zich enige tijd schuil hebben gehouden in een tuinhuisje in Bilthoven, heeft een boer uit de omgeving ze op een jong dennenbos gewezen dat grenst aan de tuin van het St. Elisabethklooster in Lage Vuursche.[35] Het klooster is in 1927 gesticht door de congregatie van de Zusters van Onze Lieve Vrouw van Amersfoort. De grond is ter beschikking gesteld door jonkvrouw Elisabeth F.M. Bosch van Drakestein, onder voorwaarde dat er een kapel zou worden opgericht ter ere van de Heilige Maagd Maria. In 1938 wordt het klooster uitgebreid met een sanatorium waar zusters worden behandeld die aan TBC lijden.[36]

Doordat de drie tot zeven meter hoge bomen dicht bij elkaar staan, is het bos naast het klooster nagenoeg ondoordringbaar en bij uitstek geschikt om een schuilplek te bouwen. De enige politieagent in Lage Vuursche, Margrethus Oskam, heeft bij de beheerder van het bos, dat eigendom is van Staatsbosbeheer, toestemming geregeld voor de bouw van een hut. De beheerder belooft geen bosarbeiders naar het gebied te sturen zolang de onderduikers daar verblijven. De hut wordt gebouwd van her en der in de omgeving verzameld hout en andere bouwmaterialen. Op vrijdag 25 juni 1943 is Het Duikje zo ver gevorderd dat er voor de eerste keer kan worden overnacht. Een van de drie bewoners, Herman Münninghoff, noteert de volgende ochtend in zijn dagboek:

> Vanmorgen bleven we, na al het vroege op-zyn in de afgelopen dagen, tot half tien uitslapen. De bedden bevielen uitstekend, lagen lekker, en veerden alsof er spiraalmatrassen inzaten.

Nu de hut klaar is, moet er nog een toilet komen. Münninghoff beschrijft op licht ironische toon hoe medebewoner 'Frans', wiens echte naam Ad van Noord is, deze klus klaart.

> Hy groef een kuil tussen twee dicht byelkaar staande bomen, en spykerde, ongeveer op zit-hoogte, een lat aan die bomen vast, en klaar was Kees! Een closetrol aan een boomtak ernaast verhoogde de gerieflykheid nog aanzienlyk.[37]

Agent Oskam zorgt ervoor dat de onderduikers door de zusters van het St. Elisabethklooster van eten worden voorzien. Om de kans op ontdekking zo klein mogelijk te maken, is afgesproken dat de mannen niet naar de kloosterkeuken komen, maar dat de zusters het eten neerzetten bij het hek dat de kloostertuin scheidt van het bos. Oskam is voor de onderduikers van onschatbare waarde. Hij kan ze waarschuwen als er een Duitse inval dreigt, omdat de bezetter de politie daarvan vaak op de hoogte stelt. Hij voorziet de drie mannen ook geregeld van illegale krantjes, zodat ze op de hoogte blijven van het oorlogsnieuws.[38]

Een luchtfoto van Lage Vuursche gemaakt bijna vijftig jaar na de oorlog. In de voorgrond ligt het Elisabethklooster. Voormalig onderduiker Eddie Lessing heeft de plek van Het Duikje gemarkeerd. Lessing Family Papers/United States Holocaust Memorial Museum

Als de onderduikers enkele weken in de bossen zitten, neemt Oskam op een van zijn bezoeken Van der Meer mee. Omdat hij een snor draagt, wordt hij door de bewoners van Het Duikje kortweg 'Snor' genoemd. Zonder al te veel aandringen weet Van der Meer de jongemannen te strikken voor verzetszwerk. Ze stellen wel als voorwaarde dat het werk in hun ogen nuttig moet zijn en dat de risico's niet te groot moeten zijn in verhouding tot de te behalen resultaten. Van der Meer krijgt ook gedaan dat hij in de buurt van de hut een houten kist mag begraven waarin papieren, wapens en munitie van de Raad van Verzet kunnen worden verstopt.[39]

Rond de tijd dat Het Duikje betrokken wordt bij de Raad van Verzet Gooi- en Eemland zijn er vijf bewoners. Uitbreiding van de hut is noodzakelijk omdat er zich nieuwe onderduikers aandienen. Het benodigde hout voor de verbouwing roven de mannen 2 kilometer verderop in het bos. Daar staat een kampeerhuis van de Nationale Jeugdstorm, de nationaalsocialistische tegenhanger van de padvinderij. Münninghoff schrijft:

> Daar hadden wij het op gemunt, want het ging toch niet aan dat zij een beter huis hadden dan wij! Dat zou wat al te bar zijn, en dus besloot onze hoogmogende kampraad eenstemmig, zóveel van het nazi-gebouw af te breken, als wij nodig meenden te hebben om 'Het Duikje' tot een waardige onderduikerswoning te maken.

De mannen trekken er 's nachts op uit om het bouwmateriaal te stelen. Als ze er niet in slagen de houten vloer uit het gebouw te breken, storten ze zich op het dak. Tot in de vroege ochtend worden planken gesjouwd. De hut wordt met drie meter uitgebreid en van extra slaapplaatsen voorzien.[40]

Voordat ze aan de verbouwing van de hut kunnen beginnen, meldt zich een volgende nieuwe bewoner, Bert Kleisen uit Baarn. De 20-jarige klerk op de gemeentesecretarie werkt samen met Van der Meer in het verzet en vreest te worden opgepakt door de Duitsers. Hij blijft niet lang, maar keert geregeld terug als gevaar voor hem dreigt in Baarn.[41] Een andere nieuwkomer is de zeventienjarige Eddie Lessing. De komst van de Joodse jongen – op verzoek van zowel 'Snor' als agent Oskam – gaat niet zonder slag of stoot. De vaste bewoners zijn huiverig een 'Jodenjongen' in hun gezelschap op te nemen. Ze zetten hun bezwaren voor Oskam op papier. Joden zijn over het algemeen slecht te vertrouwen, stellen de onderduikers. Ze vrezen dat daardoor de 'prettige kampstemming' wordt verstoord. En niet onbelangrijk voor de mannen, het aantal plaatsen voor onder te duiken familie en kennissen wordt door zijn komst kleiner.

Van der Meer praat op de mannen in. Hij houdt ze voor dat de jongen, die al meer dan een halfjaar ondergedoken zit, geholpen moet worden, anders zou hij in handen van de Duitsers vallen. De groep moet er maar op vertrouwen dat familieleden die in de toekomst onder moeten duiken, ook wel weer worden geholpen. Hij zegt toe dat de nieuwkomer niet te horen krijgt waar hij terechtkomt en dat hij het bos niet mag verlaten. Hun veiligheid is zodoende gewaarborgd, verzekert 'Snor'.

De bewoners van Het Duikje stemmen er uiteindelijk mee in dat de Joodse jongen een week op proef mag komen, maar dat ze zich het recht voorbehouden hem daarna weer weg te sturen. Dezelfde avond nog brengt Van der Meer Eddie Lessing naar de schuilhut. Volgens Münninghoff maakt de nieuwe duikgenoot op geen van allen 'een bepaald sympathieke indruk'. 'Met zijn krulhaar, geweldige haviksneus en half afgezakte oogleden was deze Eddie een waardige loot van de stam Juda.'[42] De ontvangst van de pleegbroer van Jaap van Breukelen, die met Münninghoff en Ad van Noord Het Duikje heeft gebouwd, is een stuk enthousiaster. Deze nieuwkomer, die twee dagen na Lessing arriveert, neemt distributiebonnen voor rookwaar en levensmiddelen mee. Het 'grootse geschenk' wordt met 'koninklijke grootmoedigheid' aanvaard.[43]

Miep moet zich tijdens haar bezoeken aan Het Duikje afwisselend hebben verwonderd en geamuseerd over het leven dat de onderduikers leiden. Overdag zijn de mannen in of rondom de hut te vinden. Ze spelen een partijtje schaak, liggen in bed, luisteren naar de radio of lezen een boek. Om in beweging te blijven hebben ze een sportplaats aangelegd door een paar boompjes te kappen. Het 'sportpark' wordt ingewijd met een training hoogspringen:

> Wy waren nog wat styf, en daarom wilde het nog niet erg lukken, maar voor de eerste dag mochten wij toch niet klagen. Het deed ons echt goed, weer eens los te komen. Wy kregen het flink warm en toen de eerste training achter de rug was, en wy ons opgefrist hadden, voelden wy ons heerlyk fit. Ons kamp was werkelyk weer een hele aanwinst ryker geworden![44]

Omdat ze orde en regelmaat in hun leven noodzakelijk achten, hebben de onderduikers 'Kampvoorschriften'. Het ontbijt is om 07.00 uur 's ochtends. Wie na 09.00 uur komt, krijgt niets meer te eten. Schreeuwen en fluiten is volgens het reglement verboden. Op het zingen van Duitse liedjes staat een boete.[45] De voorschriften zijn een voortdurende bron van ergernis en spanning onder de bewoners. De 'boetelijst' die wordt misbruikt om elkaar allerlei kleine overtredingen van de voorschriften aan te rekenen, wordt na verloop van tijd opgeheven. Wie van mening is dat een medebewoner zich niet aan de regels houdt, moet dat schriftelijk kenbaar maken aan de Kampraad, waarin alle bewoners zitting hebben. De ontbijttijd wordt opgerekt tot 10.30 uur. Wie niet om 07.00 uur gewekt wil worden, laat dat de avond tevoren weten aan de 'ontbijtdeler'. Langslapers mogen niet meer dan vier boterhammen eten, om te voorkomen dat ze later op dag geen eetlust meer hebben. Münninghoff is opgelucht over de nieuwe ontbijtregels.

> Zoals het nu is kan het niet blijven: Een der leden weigert 's morgens botweg de bepalingen na te komen, een ander roept woedend dat hij nog liever helemaal niet eet, een derde ligt mopperend en scheldend, met een gezicht als een oorworm, op zijn brood te kauwen. Door dit alles is de stemming in het kamp 's morgens verre van prettig.[46]

Zingen in het Duits wordt na verloop van tijd weer toegestaan, met uitzondering van nationaalsocialistische liederen.[47]

De onderduikershut Het Duikje in de bossen bij Lage Vuursche.
Lessing Family Papers/United States Holocaust Memorial Museum

Het interieur van Het Duikje met links de 'bibliotheek'.
Lessing Family Papers/United States Holocaust Memorial Museum

Bewoners van de schuilhut doden de tijd met een partijtje schaak.
Lessing Family Papers/United States Holocaust Memorial Museum

De jonge Joodse onderduiker Eddie Lessing staand bij een stapelbed
in Het Duikje. Lessing Family Papers/United States Holocaust
Memorial Museum

Om de kans op ontdekking te verkleinen verlaten de mannen vaak pas 's avonds laat de omgeving van de hut voor lange wandelingen door de omliggende bossen en over de aangrenzende heide.[48] Om na het invallen van de duisternis licht te hebben in de hut, leggen ze heimelijk een kabel aan naar het pomphuisje, dat pal naast het hek van het Elisabethklooster staat. De concierge merkt de stroomdiefstal al vrij snel op en meldt dat aan de zusters. Hoewel zij het vervelend vinden dat de onderduikers geen toestemming hebben gevraagd, besluiten ze 'de kwajongens' hun gang te laten gaan.[49]

Miep brengt niet alleen papieren, wapens en munitie voor de Raad van Verzet naar Het Duikje. Half september 1943 krijgt ze samen met Emmy (Ries) Poldervaart, die ook als koerierster voor de Raad van Verzet werkt, opdracht twee nieuwe onderduikers naar Lage Vuursche te begeleiden. Het gaat om bemanningsleden van een Britse Lancaster bommenwerper van het 617e Squadron van de Britse Royal Air Force die op de terugvlucht na een missie boven Duitsland bij het Overijsselse dorpje Den Ham is neergestort. Zes bemanningsleden hebben het vliegtuig op tijd met een parachute kunnen verlaten. De piloot heeft als enige de crash niet overleefd.[50] Bert Kleisen wordt vanuit Hellendoorn benaderd met de vraag of hij niet een goede onderduikplek voor twee geallieerden weet. Kleisen denkt meteen aan Het Duikje.

De 31-jarige Engelse navigator Sydney Hobday komt op 16 september als eerste met de trein in Baarn aan. Hij draagt een veel te wijd trouwkostuum van een onderwijzer uit Dalfsen en heeft een briefje op zak met de tekst 'Ik ben doofstom. Help mij s.v.p.' De als verpleegster verklede Ries ontfermt zich over Hobday. Miep wacht een dag later de 'doofstomme' 20-jarige Canadese boordschutter Fred Sutherland op. De fietstocht vanaf het station naar Het Duikje is het meest riskante onderdeel van de onderneming. Zowel de Engelsman als de Canadees kunnen niet fietsen en slingeren gevaarlijk over de weg.

Bevreesd dat Hobday en Sutherland verraders zijn die de Duitsers op ze af hebben gestuurd, houden de onderduikers de twee de eerste dagen en nachten nauwlettend in de gaten. Eenmaal overtuigd dat ze te vertrouwen zijn, worden de twee vliegeniers opgenomen in de groep. Het duo krijgt net als de andere bewoners dagelijks kamptaken als koffie en eten afhalen bij het kloosterhek, corvee en wachtlopen als onraad dreigt.[51]

Tijdens haar geregelde bezoeken aan Het Duikje knoopt Miep ongetwijfeld gesprekjes aan met de twee buitenlandse gasten. Haar Engels is er goed genoeg voor. Hobday is vrolijk en uitbundig. Hij vertelt graag over de 25 luchtaanvallen die hij op Duitsland heeft uitgevoerd, met als meest spectaculaire de aanval op 16 en 17 mei 1943 op een aantal dammen in het Ruhrgebied. De operatie levert het 617e Squadron de bijnaam Dambusters op. Hobday discussieert volop met de andere bewoners mee over het verloop van de oorlog. Hij verbaast zich over de lethargische houding van de jonge onderduikers. Veel meer dan wat rondhangen doen ze in zijn ogen niet. Hij krijgt een aantal van hen zover dat ze met hem aan ochtendgymnastiek gaan doen op de sportplaats. Sutherland, wiens Engels vaak slecht is te volgen, houdt zich meer op de achtergrond.[52]

Het is 13 oktober 1943 laat in de avond als Miep aan de Braamweg op haar fiets stapt en weer eens richting Lage Vuursche rijdt. Ze heeft de wind in de rug en is in een uitgelaten stemming. Miep is uitgenodigd in Het Duikje voor het afscheidsfeest van Hobday en Sutherland. De twee gaan over een paar dagen naar Rotterdam. Daar liggen twee valse persoonsbewijzen en treinkaartjes klaar. Via België en Frankrijk hopen ze het neutrale Spanje te bereiken om vervolgens vanaf Gibraltar terug te vliegen naar Engeland.[53]

Miep is niet de enige gast tijdens het afscheidsfeest. Koerierster Ries is ook van de partij. Andere gasten die de onderduikers hebben uitgenodigd, zijn politieagent Oskam, Van der Meer en Kleisen.[54] De jonge Joodse onderduiker Eddie ontbreekt. Hij is een paar weken eerder kwaad weggelopen omdat zijn medebewoners niet wilden toestaan dat hij bij zijn ouders op bezoek zou gaan die in de omgeving ondergedoken zitten. De mannen zijn bang dat de jongen als hij in handen van de Duitsers valt, de schuilplaats verraadt. Eddie is boos geworden omdat de anderen er wel geregeld op uit mogen.[55]

Het loopt tegen middernacht als Fred en Sydney de hut binnenkomen voor het afscheidsfeest Thirteen of the thirteen, een verwijzing naar de datum 13 oktober en het aantal aanwezigen. Nadat kampleider Jaap van Breukelen de twee kort heeft toegesproken en na een lange rede van Van der Meer, afwisselend in het Nederlands en het Engels, is het tijd voor vrolijke liedjes.[56] De twee vertrekkende gasten worden toegezongen op de wijs van het Schotse volksliedje 'My Bonnie lies over the ocean':

> My Sydney is over the ocean, my Freddy is over the sea
> they fell down, when they went for the German
> and that was a pity for me...
> Bring back, o bring back, bring back my Sydney to me,
> to me
> Bring back, o bring back, bring back my Fred too to me.[57]

De liedjes worden afgewisseld met voordrachten waarin de onderduikers elkaar niet sparen. Tussendoor doen Miep en de anderen zich tegoed aan vers gebakken appelbeignets, druiven en beschuiten. Als Sydney een aardappel schillende Jaap imiteert (*Danger, Jaap at work*) en met humor en sarcasme kritiek levert op zijn politieke inzichten en meningen, is de bijval stormachtig. De oorlog is die avond ver weg in de bossen bij Lage Vuursche. Op een van de twee groepsfoto's die van de feestelijke bijeenkomst zijn gemaakt, zit Miep lachend op de eerste rij met Fred, Sydney, Ries en Van der Meer. Op de tweede foto zit ze in de achtergrond.

Het is bijna ochtend als Sydney Hobday de bewoners van Het Duikje bedankt voor de genoten gastvrijheid en prijst voor de hartelijkheid die hem ten deel is gevallen sinds hij een maand eerder boven Nederland uit de Lancaster is gesprongen. Het laatste woord is aan Fred Sutherland, die ook nu een man van weinig woorden blijkt. 'I can't speak much. And when I speak you don't understand me.' Om halfzes zoeken de onderduikers hun bed op. Miep en de andere gasten fietsen uitgelaten naar huis.⁵⁸

Miep is van de partij als de bewoners van Het Duikje het afscheid
van twee geallieerde vliegeniers vieren. Ze zit op de eerste rij rechts,
ingeklemd tussen Sydney Hobday (links) en Dick van der Meer.
Historische Kring Baerne

Als Hobday en Sutherland twee dagen later naar station Baarn moeten worden gebracht, wordt geen beroep op Miep gedaan, maar op Ries en onderduiker Jaap. Voordat het gezelschap vertrekt doet zich een incident voor. Van der Meer vraagt aan Hobday of hij in Londen een zaketui wil afgeven aan de ambassade van de Sovjet-Unie. Achter het spiegeltje in de etui heeft hij een briefje met een gecodeerde boodschap verborgen. Als Hobday, gesteund door de aanwezige onderduikers, weigert gehoor te geven aan het verzoek omdat hij geen spion is maar een navigator, wordt de communist Van der Meer kwaad. De Russen zijn bondgenoten, houdt hij de anderen voor. Dat Hobday gevaar loopt door een gecodeerde boodschap mee te nemen, wuift hij weg. Zelfs al wordt Hobday gearresteerd dan zouden de Duitsers niet op het idee komen achter het spiegeltje te kijken, betoogt hij. Van der Meer krijgt zijn zin. Hobday steekt het etuitje bij zich, maar voordat hij het bos bij Lage Vuursche heeft verlaten, haalt een van de andere onderduikers heimelijk het briefje vanachter het spiegeltje tevoorschijn. Van der Meer is dan al

Sydney Hobday (staand tweede van rechts) en Fred Sutherland (derde van rechts) met bewoners van Het Duikje op de dag van hun vertrek. Naast Sutherland staat Herman Münninghoff die een dagboek bijhoudt tijdens zijn onderduikperiode.
Lessing Family Papers/United States Holocaust Memorial Museum

vertrokken. Voordat Hobday en Sutherland afscheid nemen, gaan ze voor een laatste keer met de vijf vaste bewoners van Het Duikje op de sportplaats op de foto.[59] Ondanks de nodige tegenslagen weten de Engelsman en de Canadees terug te keren naar Engeland.[60] Eenmaal op veilige bodem is de oorlog voor beiden afgelopen. Bemanningsleden die zijn gered door het verzet, mogen niet opnieuw boven vijandelijk gebied vliegen. Als ze alsnog in Duitse handen zouden vallen, bestaat het risico dat ze gedwongen zouden worden de namen van hun redders prijs te geven.[61]

Dat Miep niet is gevraagd om Hobday en Sutherland bij hun vertrek te begeleiden, heeft niets met haar kwaliteiten als koerierster te maken. Van der Meer heeft veel vertrouwen in haar. Hij zet haar niet alleen in Soest en omgeving in, maar vraagt Miep ook adressen elders in het land voor hem te bezoeken. Op 2 november 1943 reist ze samen met Jacob van der Gaag, een contact van Van der Meer uit Utrecht, met de trein naar Dordrecht om papier op te halen bij een papierfabriek. Op het papier moet een nieuw op te zetten illegale krant van de landelijke Raad van Verzet worden gedrukt met de titel *Appèl*.[62] De krant moet bijdragen aan het bundelen van het verzet en de aandacht richten op de problemen tijdens en na de bevrijding. In het hoofdartikel dat wordt opgesteld voor het eerste nummer van de krant, wordt gerekend op een spoedig einde van de oorlog. De aanhef luidt:

> Dit blad verschijnt op een moment, nu de oorlog in Europa zijn einde begint te naderen... Het feit, dat wij de bevrijding van ons land nu reëel tegemoet kunnen zien, brengt

nieuwe verantwoordelijkheid en nieuwe taken in de verzetsbeweging mee. Bij de nieuwe taken, die het Nederlandsche volk in zijn strijd tegen de bezetting gesteld worden, wil 'Appèl' medeleidsman zijn. Het wil coördinatie in de verspreide verzetsbeweging, om deze tot één massale beweging te maken, gedragen door het geheele Nederlandsche volk. Aansluitend daarop wil het het Nederlandsche volk mobiliseren voor de verdediging van zijn bezit, dat bij het terugtrekken der bezetting door grote gevaren bedreigd wordt.[63]

Van der Gaag, die tegenover Miep zijn schuilnaam 'Richard' gebruikt, is onder de indruk van zijn metgezellin. Hij noemt haar naderhand 'een jongedame voor wie het woord angst blijkbaar geen enkele betekenis had'.[64] In Dordrecht weten ze twee pakken papier te bemachtigen. Ze reizen door naar Den Haag en verzenden de vracht per spoor naar Baarn, waar deze moet worden afgeleverd bij drukkerij Saturnus van Dirk van der List. De fotograaf Van der List heeft met zijn kleine drukkerij aan huis eerder drukwerk verzorgd voor de Raad van Verzet.[65]

Miep reist niet alleen met Van der Gaag naar Dordrecht. Ze brengt hem ook in contact met de landelijke leiding van de Raad van Verzet. Tijdens hun treinreis geeft ze hem de helft van een zogenoemd Turks pasje, waarschijnlijk een doormidden gescheurd bankbiljet of stuk papier. Hij wordt binnenkort benaderd door iemand met de andere helft van het pasje die hem verder zal helpen, vertelt Miep hem. De man die Van der Gaag enige tijd later benadert, is 'Rudy

Kleyzing', de schuilnaam van Bert Kleisen, de Baarnse verzetsman die geregeld Het Duikje bezoekt. Kleisen stuurt hem naar een boerderij in Maarn waar hij de landelijke leiding van de Raad van Verzet ontmoet. Van der Gaag vindt de hele gang van zaken 'heel ingewikkeld'. 'Maar het was wél in overeenstemming met de "security"-maatregelen die in acht genomen moesten worden bij het samenbrengen van een onbekende met de zo kwetsbare leiding van een verzetsorganisatie.'66 67

Nadat ze koerierswerk is gaan doen voor Van der Meer blijft Miep contact houden met haar vriendin Miep Quelle. Die herinnert zich in een interview 45 jaar na de bevrijding dat het verzetswerk van haar naamgenote naar wens verloopt. Er zijn geen klachten over haar. 'Toch hebben we ons wel eens over haar verbaasd. Miep kwam eens met een fantastisch verhaal over hoe ze bijna was opgepakt. Dat vonden we toen wel wat merkwaardig.'68 Een jonge vrouw die met haar Joodse moeder en niet-Joodse vader ondergedoken zit bij de Quelles denkt aanvankelijk dat Miep Oranje een schuilnaam is. Ze moet niet veel hebben van haar leeftijdsgenote. 'Ik vond haar niet aardig.'69

Miep gaat ook geregeld langs bij Miep Quelles broer Arend, die bij de familie Wielenga in Soest zit ondergedoken. Zoon Jenne Wielenga is de verloofde van Miep Quelle. De Wielenga's hebben vijf onderduikers, twee in het woonhuis en drie in de schuur. Volgens een van de onderduikers komt Miep Oranje 'herhaaldelijk' op bezoek bij Arend en neemt ze fruit mee voor de TBC-patiënt. De twee zitten vaak hand in hand te fluisteren en te praten, verklaart de man na de oorlog. Miep zou zich zorgzaam en lief hebben getoond.[70] Of er tussen Miep en Arend een liefdesrelatie is opgebloeid, is twijfelachtig. De verklaring van de onderduiker wordt niet door andere bronnen ondersteund. Arend Quelles zus Miep is stellig. Zij hecht geen geloof aan het verhaal. Om te beginnen heeft haar broer nooit TBC gehad. De onderduiker vergist zich volgens Quelle tevens in de periode dat hij ondergedoken zit bij haar schoonmoeder. Miep Oranje is ook niet het type om wie dan ook fruit te brengen, stelt ze decennia later. 'Zij heeft mij wel regelmatig opgezocht toen ik moest kuren, maar zonder ooit één appeltje mee te nemen hoor.' De onderduiker moet Miep verwarren met het vriendinnetje dat Arend destijds had. 'Dat was een donker meisje en van een hartelijkheid waar zeker een tasje vruchten bij paste.'[71] Miep op haar beurt zou gevoelens hebben voor een andere man, haar commandant Van der Meer. Volgens een medeverzetsstrijder hadden de twee zelfs een verhouding. Behoudens deze communist, die slecht overweg kan met Van der Meer, zijn er geen verklaringen bekend over een relatie tussen beiden.[72]

Miep krijgt niet alleen opdrachten van Dick van der Meer. Eind november vraagt Bert Kleisen haar de 22-jarige Jan Karman naar de schuilhut in Lage Vuursche te brengen. De hulpbesteller bij de PTT wordt door de Duitsers gezocht voor de moord op controleur H.W. Muller van de Crisis Controle Dienst. Kleisen heeft Karman een maand eerder gevraagd de NSB'er Muller uit Baarn te liquideren omdat hij niet alleen zwarthandelaren opspoort als medewerker van de Crisis Controle Dienst, maar ook fanatiek jacht maakt op onderduikers en zoekt naar verborgen radiotoestellen. Karman voert de opdracht samen met dorpsgenoten Gerard van Vulpen en Bertus Kalf uit. De drie mannen fietsen op 12 oktober rond 20.00 uur naar de Eemweg waar Muller die avond met een collega een controlepost heeft opgesteld. Als de medewerkers van de controledienst de drie mannen staande houden richt Muller zijn aandacht op de zak hooi die Van Vulpen voor de vorm heeft meegenomen. Als hij deze controleert staat Muller op ongeveer een meter van Kalf. Die haalt een kleine bijl uit zijn jas en slaat de controleur op zijn hoofd. Muller wankelt, maar probeert zich te verdedigen, waarop Kalf hem een vuistslag in het gezicht geeft. Karman trekt zijn pistool en schiet hem met drie kogels dood. De tweede controleur, Jan Bezaan, die de verzetslieden heeft getipt waar Muller die avond een controle houdt, raakt van schrik bewusteloos.[73]

Als Karman door Miep naar Het Duikje wordt gebracht, is Van Vulpen al door de Baarnse politie gearresteerd op verdenking van de moord en overgedragen aan de Duitse Sicherheitsdienst. Kalf heeft elders een veilig heenkomen gevonden. Hoewel Miep de details niet kent, weet ze dat Karman een moord heeft gepleegd in opdracht van de Raad van Verzet. Dat hij ondergebracht wordt in de bossen bij Lage Vuursche verbaast haar niet. De schuilplek wordt vaker gebruikt voor leden van het verzet die buitengewoon gevaar lopen als ze in handen van de Duitsers zouden vallen.[74] Voor Karman geldt dat zonder meer. De moord op Muller is niet zijn eerste liquidatie. Op 19 mei 1943 is hij betrokken bij de moord op de Baarnse hoofdagent van politie Albert Cornelis

Henri de Wolf. De agent die na eerder verraderswerk een lokale verzetsgroep op het spoor is, wordt met vijf kogels uit twee pistolen in de deuropening van zijn woning doodgeschoten.[75]

Eind november 1943 lopen de spanningen in Het Duikje hoog op. Deze keer niet door onderlinge irritaties en ruzies, maar door een voorval in het Elisabethklooster. In het klooster heeft moeder-overste Marie Matthea een dienstmeisje ontslagen wegens diefstal. Uit wraak zou de jonge vrouw overal rondbazuinen dat de zusters in Lage Vuursche onderduikers van eten voorzien. Ze doelt hiermee niet op de bewoners van Het Duikje, maar op andere mannen die zich elders in de omgeving schuilhouden. Toch zijn Münninghoff en zijn mede-onderduikers er niet gerust op:

> Wij camoufleerden de hele dag, omdat wij niet wisten in hoeverre de kakelende ex-dienstbode van ons bestaan op de hoogte was. Het was wel niet waarschijnlijk, maar wij konden toch maar het best voorzorgen nemen.[76]

In de weken die volgen blijft de gevreesde Duitse inval uit, totdat een van de onderduikers op dinsdag 28 december tegen de schemering de hut binnenstormt en roept 'Jongens, vlug weg, de Moffen komen!' Het klooster is gebeld door 'een goede vaderlander' met de mededeling dat de Duitsers onderweg zijn naar Lage Vuursche. De mannen grissen wat kledingstukken bij elkaar en stoppen deze met de belangrijkste papieren, waaronder levensmiddelen- en tabaksbonnen, in koffertjes en maken dat ze wegkomen. Als de Duitsers zich niet laten zien en agent Oskam van geen inval zegt te weten, keren ze terug naar Het Duikje. Voorzichtigheidshalve besluiten ze de volgende dag een dubbele wacht in het bos uit te zetten. Münninghoff meldt zich vrijwillig. Het lot koppelt hem aan Eddie Lessing die weer is teruggekeerd in de schuilhut.

> Zeven uur! Alle goden, wat een tijd! Het leek buiten nog wel middernacht, zó donker was het in ons bos. Maar de wekker had zijn plicht gedaan, en wij moesten hetzelfde wel doen. Eddie en ik stonden op, kleedden ons aan, staken ieder een revolver bij ons en betrokken onze wachtstelling aan de rand van het bos.

Lessing en Münninghoff staan ongeveer tien minuten op hun post als ze een paar koplampen uit de duisternis zien opdoemen. De auto's stoppen bij de ingang van het klooster. Mogelijk dat het de familie is van een overleden zuster die later in de ochtend wordt begraven, denken de twee op wacht staande onderduikers. Als ze plotseling het gedreun van een zware motor aan de andere kant van de kloostertuin horen waar nooit een auto komt, slaat de twijfel toe. Als een bijtend en fel commando door de lucht snijdt, weten ze genoeg. Nog voordat de twee de andere onderduikers kunnen waarschuwen, klinkt er een schot. Als Lessing en Münninghoff als wildemannen de hut binnenstuiven klinkt een tweede schot, dat veel dichter bij is dan het eerste. 'Onze "entree joyeuse" plus het tweede schot hadden méér uitwerking, dan een kanonskogel, binnen de hut afgeschoten, ooit zou kunnen hebben.' Een ieder pakt zijn gereedstaande koffer en maakt dat hij wegkomt. Ze spreken af elkaar om 20.00 uur te zien bij hotel en café-restaurant Groot Kievitsdal, tussen Lage Vuursche en Hilversum.[77]

Terwijl de mannen ervandoor gaan, stormen leden van de Feldgendarmerie, de Duitse militaire politie die deel uitmaakt van de Wehrmacht, het klooster binnen. Op de drempel van de ziekenzalen verschijnen soldaten die tegen de zieke zusters schreeuwen dat ze zich moeten aankleden en naar beneden moeten gaan. De geschrokken zusters worden op een enkeling na, tot het begin van de avond zonder eten of drinken opgesloten in de refter (eetzaal). Ze mogen de zaal niet verlaten, ook niet voor toiletbezoek. Volgens aantekeningen die een van de zusters naderhand van de inval maakt, leidt dat laatste tot 'onaangename scenes'. Moeder-overste Marie Matthea, de rector en de conciërge van het klooster worden afgezonderd van de zusters opgesloten in de kapel.

Een familielid dat voor de begrafenis van de overleden zuster is gekomen, wordt door de Duitsers aangezien voor een onderduiker en op zijn hoofd geslagen. Na enige tijd mag hij met de andere familieleden naar huis. Het lichaam van zuster Adelia blijft boven de grond staan. Het gehele kloostercomplex wordt overhoopgehaald. De Duitsers slaan aan het plunderen en laden het oude tafelzilver, kristal en levensmiddelen van het klooster in de overvalwagens. De kostbaarheden die jonkheer Paulus Jan Bosch van Drakestein bij de zusters heeft opgeslagen nadat de Duitsers zijn nabijgelegen kasteel Drakensteyn hadden gevorderd, worden ook meegenomen. De soldaten doen zich tegoed aan de wijnvoorraad van de jonkheer en de miswijn van het klooster. Uit de brandkast wordt 9000 gulden aan zilvergeld en een flinke stapel effecten geroofd.

Rond 11.00 uur ontdekt een Duitse soldaat de stroomkabel die vanaf het pompstation het bos in loopt. De rector wordt uit de kapel gehaald. De Duitsers slaan hem een bloedneus en gooien hem over het hekwerk dat de kloostertuin van het bos scheidt en dwingen hem de kabel te volgen. Als Het Duikje wordt ontdekt beginnen de Duitsers een grote zoektocht tot in de wijde omgeving naar de bewoners. De zoekactie blijft zonder resultaat. De zeven mannen zijn ontkomen. De schuilhut wordt door de Duitsers leeggehaald en vernietigd.[78]

Onwetend van het drama dat zich afspeelt in de bossen bij Lage Vuursche – niemand heeft kans gezien om haar of anderen die betrokken zijn bij Het Duikje te waarschuwen – stapt Miep in de loop van de dag in Soest op haar fiets. In haar handtas heeft ze een aantal illegale krantjes voor de bewoners van Het Duikje en papieren voor het archief van de Raad van Verzet, waaronder een kopie van de vrachtbrief voor de pakken papier die ze bijna twee maanden eerder samen met Van der Gaag vanuit Den Haag per trein naar de drukkerij van Van der List in Baarn heeft verstuurd. Waarschijnlijk ter hoogte van de ingang van het Elisabethklooster wordt ze staande gehouden door leden van de Feldgendarmerie. Net als een aantal andere toevallige bezoekers en passanten van het klooster wordt Miep opgesloten in de kapel. Daar zit ook agent Oskam die op de commotie is afgekomen en door de Duitsers is staande gehouden. Zodoende kan ook hij geen alarm slaan.[79] Miep wordt aan haar schouder door het middenpad van de kapel geleid en krijgt de vraag of ze bekenden ziet. Ze ontkent en verraadt Oskam, die ze maar al te goed kent, niet.[80]

Het Elisabethklooster in Lage Vuursche. Bij de inval in het klooster wordt Miep opgepakt als ze komt aanfietsen. Foto J.J. Kok

In de loop van de avond van 29 december vertrekt een aantal overvalwagens van het kloosterterrein. De zusters reageren geschokt als ze zien dat moeder-overste Marie Matthea net als de rector en de conciërge van het klooster wordt meegenomen. 'Zwak van gezondheid 'n longpatiente *[sic]* en zo van haar zusters weggerukt!' Miep wordt ook gedwongen in een van de overvalwagens te stappen. De illegale krantjes en de kopie van de vrachtbrief in haar handtas zijn voor de Duitsers meer dan voldoende reden om haar niet te laten gaan.[81] De wagens rijden richting Utrecht, met als eindbestemming het Huis van Bewaring aan de Gansstraat. In het Huis van Bewaring is de enige Duitse gevangenis ondergebracht die onder de Wehrmacht valt, de Kriegswehrmachtgefängnis.[82]

3

In de klauwen van de Duitsers

Miep zit niet lang opgesloten in de gevangenis in Utrecht, vermoedelijk slechts één dag.[1] De arrestaties door de Feldgendarmerie in Lage Vuursche hebben de belangstelling gewekt van de *Aussenstelle* van de *Sicherheitspolizei und des Sicherheitsdienst* in Amsterdam, met aan het hoofd ss-*Sturmbannführer* Willy Lages. Hij laat een aantal gevangenen vanuit het Utrechtse Huis van Bewaring voor nader verhoor overbrengen naar de hoofdstad. De verdachten worden verdeeld over twee huizen van bewaring in Amsterdam. Miep wordt samen met moeder-overste Marie Matthea en de rector van het klooster opgesloten in het Huis van Bewaring II aan de Amstelveenseweg/Havenstraat. De anderen, onder wie de conciërge van het klooster en agent Oskam, gaan naar het Huis van Bewaring I aan de Weteringschans.[2]

Het sobere kruisvormige gevangenisgebouw aan de Amstelveenseweg/Havenstraat in Amsterdam-Zuid is in 1891 gebouwd als de strafgevangenis Nieuwer-Amstel. De cellen bevinden zich in drie lange vleugels op de begane grond en op drie verdiepingen, ze bieden plaats aan ongeveer tweehonderd gevangenen. De cellen liggen in elke vleugel aan weerszijden van een brede gang en zijn toegankelijk via galerijen. In de vierde vleugel is een administratiegebouw ondergebracht met verschillende dienstruimtes en het kantoor van de directeur. Op de eerste verdieping is een stalleskerk gebouwd met hokjes voor gevangenen, zodat tijdens een dienst onderling contact niet mogelijk is. Het complex dat dan inmiddels binnen de grenzen van Amsterdam ligt, wordt in 1940 omgedoopt tot Huis van Bewaring II, omdat het bestaande Huis van Bewaring aan de Weteringschans al jaren uitpuilt. In 1941 nemen de Duitsers een deel van het gevangenisgebouw aan de Amstelveenseweg/Havenstraat in gebruik. Gevangenen van de Sipo/SD worden op de Duitse afdeling van het Huis van Bewaring II opgesloten.[3]

Als Miep naar Amsterdam wordt overgebracht, zit haar neef Jan al enige weken aan de Amstelveenseweg opgesloten. De acht jaar oudere neef is de zoon van oom Leendert en tante Barbera uit Nieuwer-Amstel waar Miep als kind enige jaren bij inwoonde. Jan Oranje is als ambtenaar van de gemeente Nieuwer-Amstel belast met Duitse zaken. Op 17 december moet hij vier bemanningsleden van een geallieerde bommenwerper die vier dagen eerder bij een grote aanval op vliegveld Schiphol is neergestort, begraven. Samen met twee collega's heeft hij de lichamen uit het veld gehaald. De vier lijkkisten worden met bloemen op een gemeentewagen geplaatst en naar de Oosterbegraafplaats in Amsterdam gebracht. Als een Duitse dominee die net de begrafenis van een omgekomen Duitse soldaat heeft geleid, weigert op verzoek van Jan de vier geallieerden met militaire eer te begraven, besluit hij het afscheid zelf te leiden. Aan het graf neemt Jan samen met zijn twee collega's stilte in acht en bidt hij het Onze Vader. Na de begrafenis wordt Jan opgewacht door een Duitse officier. Die verwijt hem dat hij eer heeft bewezen aan de moordenaars van vrouwen en kinderen. Drie dagen later moet Oranje zich bij de *Ortskommandant* van Amsterdam melden. De begrafenis van de geallieerden wordt gezien als een demonstratie. Jan Oranje wordt gearresteerd en opgesloten.[4] Miep en Jan hebben geen contact in het Huis van Bewaring II. Pas als hij op 18 januari wordt overgebracht naar Kamp Amersfoort vertrouwt de administrateur van de gevangenis hem toe dat zijn nicht Miep uit Soest ook aan de Amstelveenseweg gevangenzit. Vanuit de gemeente Nieuwer-Amstel wordt alles in het werk gesteld om Oranje vrij te krijgen. Zijn chef weet NSB-burgemeester Westendorff zover te krijgen dat hij met hem meegaat naar de SD in Den Haag, die de zaak tegen ambtenaar Oranje behandelt. Na een tweede bezoek krijgen ze de toezegging dat hij zal worden vrijgesproken. Op 4 februari 1944 wordt Jan vrijgelaten uit het kamp omdat hij een maagzweer heeft.[5]

Nog voordat Miep uitgebreid wordt verhoord door de SD, rijdt een aantal medewerkers van de Duitse geheime inlichtingendienst op woensdag 5 januari met haar naar Soest. De auto houdt halt midden in Soest-Zuid, ter hoogte van een pleintje op de hoek van de Soesterbergsestraat en de Driehoeksweg. De SD'ers laten Miep uit de auto stappen en wat heen en weer lopen in de hoop dat bekenden uit het verzet contact met haar zoeken. Het is een methode die vaker wordt gebruikt door de SD. Dominee Wierda werkt die ochtend in zijn werkkamer in de pastorie aan de Driehoeksweg aan een preek voor een trouwdienst later op de dag, als zijn dienstmeisje Loeki hem waarschuwt dat Miep Oranje buiten loopt. Wierda weet van de arrestatie van zijn gemeentelid en vermoedt 'een manoeuvre van Duitse zijde'. 'Miep als lokvogel om te arresteren degene die op haar afkwam.' Om onheil te voorkomen trekt de dominee zijn jas aan en gaat naar buiten. Vanuit het portiek voor zijn huis probeert hij Mieps aandacht te trekken. Als ze de dominee ziet, maakt ze met haar handen een gebaar dat ze vastzit en niet naar hem toe kan komen. Voordat Wierda de straat over kan steken om naar haar toe te gaan, wordt Miep door twee mannen meegenomen en in een auto gezet. Een derde man houdt de dominee staande.

De SD'er wil weten wat hij van Miep moet. Wierda laat zijn papieren zien waarop staat dat hij dominee is. Hij verklaart af te zijn gegaan op een gemeentelid over wie hij zich zorgen maakt. De Duitser laat de dominee gaan, maar draagt hem op tegen iedereen te ontkennen dat hij Miep Oranje heeft gezien. 'Ik repliceerde "Niemand die dat gelooft, men kent mij én Miep".' De SD'er reageert nijdig en beveelt hem: 'U zegt: dit is Miep Oranje niet.' Als de Duitsers vertrekken, gaat de dominee terug naar zijn werkkamer om zijn preek af te maken. Na de trouwdienst besluit Wierda – na overleg met een bevriende politieman – Soest voor de zekerheid een paar dagen te verlaten. Als hij terugkeert, laten de Duitsers hem ongemoeid.[6]

De actie van de SD op het pleintje in Soest is geen doordacht plan. Het hangt te veel af van het toeval of Miep door iemand uit het verzet zou worden aangesproken. Een dag later hebben de Duitsers meer succes. Rond 15.00 uur 's middags wordt een inval gedaan bij de drukkerij van Dirk van der List aan de Zandvoortlaan 13.[7] Drukkerij Saturnus staat als 'ontvanger' op het duplicaat van de vrachtbrief die Miep tijdens haar arrestatie bij het Elisabethklooster in Lage Vuursche bij zich heeft.[8] Van der List en zijn zoon Dirk jr. worden opgepakt. Beiden worden overgebracht naar een van de cellen in de kelder van het kantoor van de Sipo/SD in Amsterdam, dat is ondergebracht in de voormalige meisjes-hbs aan de Euterpestraat.[9]

SS-Sturmbannführer Lages twijfelt er niet aan dat hij met Miep Oranje een belangrijke troef in handen heeft in zijn strijd tegen de Nederlandse illegaliteit. De verboden blaadjes

Medewerkers van de Aussenstelle van de Sicherheitspolizei und des Sicherheitsdienst in Amsterdam voor de voormalige meisjes-hbs aan de Euterpestraat. Nummer 7 is SS-Sturmbannführer Willy Lages.
Nationaal Archief

en andere papieren die ze tijdens haar arrestatie bij zich had, kunnen volgens hem maar tot één conclusie leiden: ze is een koerierster voor het verzet dat hij bestrijdt.[10] Lages wijst een van zijn gewiekste medewerkers aan om Miep te verhoren. Het is het begin van een ongelijke strijd.

De 35-jarige Gottlob Hermann Felix Herbert Oelschlägel, klein van stuk en brildragend, is in Duitsland geboren, maar woont sinds 1928 in Den Haag. Hij werkt voor een internationale organisatie van fabrikanten en handelaren in sieraden en edelstenen, het Bureau International des Associations de Fabricants, Grossistes et Detaillants de Bijouterie, Orfèvrerie et Argenterie (BIBOA). Hij is begonnen als assistent van de secretaris van de organisatie. Als deze wegens ziekte zijn functie moet neerleggen, maakt hij promotie. Kort na het begin van de bezetting komt het werk van BIBOA in Nederland grotendeels stil te liggen en moet Oelschlägel op zoek naar ander werk. Hij gaat als tolk en vertaler aan de slag voor verschillende Duitse instanties. Doordat hij al jarenlang in Nederland woont, spreekt en leest hij goed Nederlands. Een van de instanties waarvoor hij gaat werken, is de Sipo/SD in Amsterdam.

Herbert Oelschlägel komt als politiebeambte zonder rang (*Polizeiangestellter*) op de loonlijst te staan van inlichtingendienst SD. Zijn werkt beperkt zich niet tot tolken en vertalen. Lages maakt actief gebruik van hem in de strijd tegen de Nederlandse illegaliteit. Hij maakt indruk op zijn landgenoten. *Reichsführer ss und Chef der Deutsche Polizei* Reinhard Heydrich spreekt op 31 januari 1941 in een persoonlijk schrijven zijn waardering uit voor de uitstekende prestaties van drie medewerkers van de Aussenstelle Amsterdam, onder wie Oelschlägel. Bij deze of een andere gelegenheid wordt hem het *Kriegsverdienstkreuz 2. Klasse mit Schwertern* toegekend. Deze veelvuldig uitgereikte onderscheiding is bedoeld voor zowel militairen als burgers die dapperheid hebben betoond buiten de directe oorlogshandelingen om.

Ondanks de loftuitingen aan zijn adres vertrekt Oelschlägel korte tijd later met zijn vrouw Anna Maria Kaufmann voor BIBOA naar Berlijn. Met de aanstelling van een 'schijnsecretaris' in de Duitse hoofdstad denkt de organisatie haar belangen in Nederland beter te kunnen behartigen. Oelschlägel blijft niet lang met zijn vrouw in de Duitse hoofdstad. Eind 1942 is hij met Anna Maria terug in Nederland en gaat hij weer aan de slag als medewerker van de SD in Amsterdam.[11]

Als *Sachbearbeiter* moet Oelschlägel Miep verhoren. Dit kan hij doen in een van de verhoorkamers van het huis van bewaring. Een andere mogelijkheid is dat hij haar laat ophalen en verhoort in het kantoor van de SD. In het proces-verbaal dat hij van de verhoren opstelt, moet hij een aanbeveling geven over wat er met haar dient te gebeuren. Moet ze worden vrijgelaten, berecht en haar gevangenisstraf in Nederland uitzitten of op transport worden gesteld naar een concentratiekamp elders in het Derde Rijk? Zijn aanbeveling moet hij voorleggen aan het hoofdkantoor van de Sipo/SD in Den Haag. De wens van een Sachbearbeiter wordt doorgaans overgenomen.[12] In feite ligt Mieps lot in handen van Oelschlägel. Het proces-verbaal dat hij tegen haar opmaakt is niet terug te vinden in de archieven. De uitkomst wel.

Miep, de koerierster voor het verzet, gaat voor de Duitsers werken. Met toestemming van de hoogste baas van de Sipo/sd in Nederland, de *Befehlshaber* (hoofd) der Sicherheitspolizei und des sd, wordt ze ontslagen van rechtsvervolging en aangesteld als informante, *Vertrauens-Frau*.[13]

v-*Leute*, mannen en vrouwen, zijn een belangrijke bron van informatie voor de sd bij het opsporen van ondergedoken Joden en het bestrijden van tegenstanders van het nazibewind. Ze treden niet alleen op als tipgevers, maar proberen ook te infiltreren in verzetsgroepen. De motieven van vrouwelijke verraders zijn divers. Het meest voorkomende motief om verraad te plegen is een relatie met een Duitse of Nederlandse sd'er. Een deel van de v-*Frauen* wordt door financieel gewin gedreven. Aan het aanbrengen van Joden valt goed te verdienen. Anderen handelen uit ideologische motieven. De angst op transport te worden gesteld naar een concentratiekamp, is voor een beperkt aantal (Joodse) vrouwen doorslaggevend om verraderswerk te gaan verrichten.[14]

Zowel Lages als *Kriminalsekretär* Friedrich Christian Viebahn van de sd verklaren na de oorlog dat Miep vrijwillig voor de Duitsers is gaan werken.[15] De woorden van beiden zijn niet direct geloofwaardig gezien de druk die Oelschlägel op andere (vrouwelijke) gevangenen uitoefent tijdens verhoren. Zijn reputatie is al tijdens de oorlog berucht tot buiten het sd-gebouw aan de Euterpestraat. Leden van de Amsterdamse verzetsroep cs-6 waarschuwen elkaar voor hem, voor het geval ze in zijn handen zouden vallen. De sd'er wordt een bijzondere, maar weinig geloofwaardige gave toegedicht. Zo krijgt Tineke Guilonard van een medeverzetsstrijder te horen: 'Je moet hem niet aankijken, hij brengt je onder hypnose en laat je dan zeggen wat hij wil.' Haar is ook aangeraden niet te veel tegen hem te praten. 'Heb je verhaal klaar en houd je daaraan. Laat je niet verleiden zijpaden op te gaan.'[16]

Verzetsman Daan Wakker ('Oom Daan') die als gevangene in het Huis van Bewaring I aan de Weteringschans een administratief baantje heeft, maakt Oelschlägel van dichtbij mee. Als Sachbearbeiter komt hij geregeld naar de gevangenis om in één van de vier advocatenkamers een gevangene te verhoren. Uit Wakkers naoorlogse beschrijving van Oelschlägel rijst een meedogenloze man op, die gevangenen weinig andere keuze geeft dan met hem mee te werken.

> Deze Duitser had alle eigenschappen, die hem deden lijken op een havik: kleine, fonkelende zwarte oogjes, gebogen neus, zwart haar en lijkbleek gezicht, altijd met actetas en gele regenjas, meest zonder hoed op, en hij werkte bij voorkeur 's nachts. Hij was door iedereen gehaat, ook door zijn collega's, die echter wisten, dat hij directe contacten met het bureau van Himmler en Rauter had en die hem daarom niet aandurfden, hoewel zij meemaakten, dat hij zijn beste vrienden verraadde; hij was een superverrader, aan wie niets ontging, en zelfs Ettl, de anders gelijkmoedige reus, was bang voor hem...

Wie in de handen viel van Oelschlägel was volgens Wakker 'onherroepelijk verloren'.

Kon hij voor zijn verbaal geen voldoende bewijzen bij elkaar halen, dan stuurde hij de mensen op transport naar Duitsland met bizondere aantekeningen, zoals 'geen baantje', 'Einzelhaft' en altijd voegde hij er de vreselijke letters N.N. bij (Nacht und Nebel, de vernietigingsformule). Ik geloof dat er percentagegewijs van hem het minste aantal zijn aanraking met de S.D. heeft overleefd.[17]

In augustus 1943 maakt de 27-jarige Irma Seelig kennis met de werkwijze van Oelschlägel. Seelig, die is opgegroeid in een Joods liberaal gezin in Homberg ten zuiden van Kassel, is via haar verloofde Leo Frijda als koerierster betrokken geraakt bij de verzetsgroep cs-6. Nadat de Duitsers Frijda hebben opgepakt, komen ze bij Seelig uit. Tijdens een huiszoeking in de kamer die ze met haar verloofde deelt, vinden ze een pistool. Seelig wordt gearresteerd. Oelschlägel wordt aangewezen als haar Sachbearbeiter. Hij verhoort haar bijna vier weken lang dagelijks. Hij confronteert haar ook met Frijda. Oelschlägel maakt haar duidelijk dat het er slecht voor haar uitziet. Als ze wil blijven leven moet ze voor de SD gaan werken. Toen ze daarmee instemde, was er geen weg meer terug, verklaarde de jonge vrouw na de oorlog.

> Toen ik eenmaal in handen van den S.D. was en daarvoor werkte, zag ik geen mogelijkheid tot onderduiken. Mijn drie familieleden hier te lande waren tezamen in één huis ondergedoken en ik vond het te gevaarlijk er als vierde bij te komen. Oelschlägel had een sterke invloed op mij en ik heb gedaan wat hij wilde.[18]

De vrijgelaten Seelig keert aanvankelijk terug naar het adres waar ze is opgepakt. Volgens een Nederlandse politieagent die voor de SD werkt, stelt Oelschlägel haar in vrijheid 'voorzien van veel geld en kleeren'. Tegen haar hospita en iedereen die het wil horen, vertelt ze dat de SD haar bij gebrek aan bewijs heeft laten lopen. Drie dagen later besluit ze – er zou gevaar dreigen – haar intrek te nemen in een *Gemeinschaftshaus* van de SD in Amsterdam waar nog drie jonge vrouwen wonen die voor de dienst werken. Met behulp van Seelig weet Oelschlägel meerdere leden van CS-6 in handen te krijgen, onder wie Truus van Lier, die begin september 1943 de Utrechtse hoofdcommissaris van politie en NSB'er G.J. Kerlen op straat heeft doodgeschoten.[19]

V-Frau Seelig helpt Oelschlägel niet alleen bij het in de val laten lopen van leden van het verzet. Ze krijgt ook een seksuele relatie met hem. Hij zoekt in december een kamer voor haar in de Beethovenstraat in Amsterdam-Zuid waar hij haar kan bezoeken. Na de oorlog schaamt Seelig zich volgens de zenuwarts die haar onderzoekt, meer over haar seksuele verhouding met de getrouwde Oelschlägel dan over het verraad dat ze heeft gepleegd. Dat de SD'er en de Joodse vrouw toenadering tot elkaar zoeken, wordt in het psychiatrisch rapport van Seelig als volgt verklaard:

> Oelschlägel, wiens huwelijk slecht was, en die hoewel zijn vrouw ook bij de S.D. in Nederland werkte van haar gescheiden leefde, werd steeds meer de figuur die voor haar bescherming en veiligheid betekende.[20]

Tineke Guilonard wordt op 17 september 1943 door verraad op haar onderduikadres in Zeist gearresteerd. Ze wordt opgesloten in het Huis van Bewaring II aan de Amstelveenseweg. In een persoonlijk relaas over haar oorlogservaringen stelt Guilonard dat Miep Oranje enige tijd haar celgenoot is geweest. Ze noemt haar 'hypernerveus' en 'angstig'. De verhoren door Oelschlägel doorstaat Miep volgens Guilonard 'slecht'. Ze slaat door. 'Erger nog, ze kocht haar eigen vrijheid ten koste van anderen.' In de *Brandpunt*-uitzending over Miep Oranje verhaalt ze wederom over haar celgenote. Toch

Mieps Sachbearbeiter Herbert Oelschlägel.
Privécollectie Doeko Bosscher

kan Guilonard niet haar cel met Miep hebben gedeeld. Miep wordt op 29 december 1943 opgepakt. Tineke Guilonard wordt op 2 januari 1944 overgebracht naar het vrouwenkamp in Vught en stelt dat ze enige tijd voordat ze op transport ging, met niemand haar cel hoefde te delen.[21]

Of Oelschlägel Miep tijdens de verhoren geld en kleren aanbiedt of dreigt haar naar een concentratiekamp te sturen weten we niet. Voor de (naoorlogse) bewering dat ze tijdens haar gevangenschap net als Irma Seelig verliefd wordt op de man die haar verhoort en daarom voor hem gaat werken, is in elk geval geen bewijs.[22] Er zijn wel duidelijke aanwijzingen dat de SD haar familie gebruikt om haar onder druk te zetten. Kort na de arrestatie van Miep wordt haar stiefmoeder opgepakt. Dat gebeurt als ze een bezoek brengt aan het Huis van Bewaring II om te infomeren naar Miep. Marie Oranje-van Leeuwen wordt enige tijd opgesloten als 'gijzelaar'.[23] Een broer of zus van Jan Oranje schrijft zijn verloofde over de arrestatie van Miep en haar stiefmoeder en hun opsluiting in het Huis van Bewaring II aan de Amstelveenseweg. 'Weet je dat Miepje van oom Cees daar ook is? en tante Marie die ging informeren waar Miep bleef is ook niet teruggekomen.'[24]

Gaandeweg haar gevangenschap geeft Miep meer informatie prijs over de illegaliteit in Soest en omgeving. Ze lijkt te wachten met verklaren om Dick van der Meer tijd te geven zo veel mogelijk sporen uit te wissen en de mensen met wie ze contact heeft gehad te waarschuwen. Maar onder druk van de arrestatie van haar stiefmoeder en de aanhoudende verhoren door Oelschlägel zwicht ze uiteindelijk.

Miep gaat praten, maar allesbehalve vrijwillig zoals de SD-chef Lages en Kriminalsekretär Viebahn na de oorlog willen doen geloven.

In de ochtend van maandag 24 januari 1944 rijden twee Duitse overvalwagens het terrein van het Elisabethklooster in Lage Vuursche op. De Duitsers laten het klooster tot opluchting van de zusters deze keer ongemoeid. Ze begeven zich naar de verwoeste schuilhut in het bos naast het kloosterterrein en zoeken de omgeving af. Verstopt onder de grond vinden ze – zoals Miep tijdens een van haar verhoren heeft verklaard – het archief, springstof en munitie van de Raad van Verzet. Commandant Van der Meer heeft het na de inval van eind december niet aangedurfd terug te keren naar het bos om het materiaal in veiligheid te brengen. De gevonden papieren zijn van grote waarde voor de SD. Ze werpen niet alleen licht op de werkwijze en samenstelling van de Raad van Verzet in Gooi- en Eemland, maar leggen ook de vertakkingen bloot naar andere verzetsgroepen en personen.[25]

Het eerste slachtoffer van de archiefvondst is de 42-jarige Duitse Jood Carl Cahn. Hij wordt op 30 januari in Bussum opgepakt. Cahn, die handelt in grondstoffen en machines voor bakkerijen, is in 1936 met zijn vrouw Hilde vanuit Duitsland naar Nederland gevlucht. Het echtpaar strijkt neer in Amsterdam. Later verhuizen ze naar Wassenaar. Daar raakt hij via zijn buurman Jacob van der Gaag betrokken bij het verzet. Als uit Duitsland geëmigreerde Joden in september 1940 niet meer in de kuststrook mogen wonen, vertrekken de Cahns naar Deventer. Daar legt Carl zich toe op de handel van surrogaatproducten en raakt hij betrokken bij de fabriek Peja.[26] Deze surrogaatfabriek verkoopt Panko, een soort bakpoeder voor pannenkoeken, en Roer-om, dat wordt gebruikt voor cakes en ovengebak. Vet en boter zijn door deze producten overbodig bij het bakken. Peja zet 'Mina Bakgraag' in om de producten aan te prijzen. In advertenties wordt ze lezend in een krant getekend met schort en bonnet.

> Wat zouën me dat nou voor een nieuwigheden wezen… PANKO en ROER-OM? Pannekoeken, flensjes en gebak, zónder boter, melk en eieren? Nou moe… Ik laat me daar van alles wijs maken! Ze durven tegenwoordig ook maar van alles in de krant te zetten![27]

Maar 'Mina' raakt overtuigd. In een volgende aflevering van 'Belevenissen van Mina Bakgraag' gooit ze kordaat een pannenkoek de lucht in. ''t Is kolossaal,' roept ze daarbij uit. 'Ze vliegen de pan uit! Had ik dát nu maar eerder geweten! Dan had ik veel eerder zoo'n pakje PANKO gekocht!'[28]

In juni 1942 wordt het in Deventer te gevaarlijk voor het echtpaar Cahn. Ze duiken onder in Lage Vuursche. Daar komt Carl Cahn in contact met Van der Meer en zijn rechterhand Bert Kleisen. Onder de schuilnaam Karel Koenders verzorgt Cahn anti-Duitse drukwerken en ondersteunt de niet onbemiddelde handelaar de Raad van Verzet met geld. Na de inval bij het Elisabethklooster en de ontdekking van Het Duikje wijkt hij uit voorzorg uit naar Bussum. Tussen de papieren bij de schuilhut treffen de Duitsers een briefje aan van 'Karel' dat gericht is aan 'Wim', de schuilnaam van Van der Meer. In het briefje vraagt Cahn aan Van der Meer hem te bellen voor een ontmoeting.

> Beste Wim, bedankt voor de prompte afwerking. Kunnen wij ons in deze dagen even ontmoeten? Bel mij toch avonds op onder No 7357, dan kunnen wij afspreken, en in rede ook de financien *[sic]* in orde brengen. Met beste groeten Karel

Aan de hand van zijn telefoonnummer weten de Duitsers Cahns adres aan de Graaf Florislaan in Bussum te achterhalen. Samen met zijn vrouw wordt hij opgepakt.[29]

Door het archief van de Raad van Verzet én de informatie die Miep gaandeweg prijsgeeft, komt de Knokploeg Soest in beeld bij de SD. Op 11 februari verschijnen rond elf uur 's avonds drie Duitse SD'ers in burgerkleding en twee Amsterdamse politieagenten in uniform aan de deur bij Alma 'Mama' Beekman aan de Van Lenneplaan, het vergaderadres van de knokploeg. Beekman liegt dat ze alleen thuis is. Terwijl ze de mannen aan de praat houdt, weet KP'er Berend van Veenendaal die bij haar is, te ontkomen. De Duitsers nemen Beekman mee in de auto en vragen haar de woning van Gerrit Frederiks aan te wijzen, die ook betrokken is bij de verzetsgroep. Beekman leidt de Duitsers naar het huis van Frederiks' ouders omdat ze zeker weet dat hij daar niet is. Zijn jongere broer Jan is wel thuis. Uit angst voor de dreigende mannen, vertelt hij waar Gerrit woont.[30]

Rond een uur 's nachts staan de Duitsers bij Gerrit Frederiks voor de deur aan de Hartmanlaan. Samen met de Joodse onderduiker Barend Waterman wordt hij afgevoerd. Als de Duitsers zijn vertrokken, haast Frederiks' vrouw Maria, onwetend van wat zich eerder op de avond heeft afgespeeld, zich naar de Van Lenneplaan om de andere KP'ers te waarschuwen. Daar wordt ze opgewacht door dezelfde mannen die bij haar aan de deur zijn geweest. Haar man en onderduiker Waterman worden samen met Mama Beekman vastgehouden in haar woning. Frederiks' vrouw mag na een kwartier weer naar huis. De andere drie werden meegenomen naar Amsterdam.[31] In dezelfde nacht wordt een ander lid van de Knokploeg Soest, Rut van Veenendaal, op zijn onderduikadres aan de Oudegracht in Utrecht gearresteerd. In Baarn wordt Rento Garschagen thuis bij zijn ouders aan de Beaufortlaan van zijn bed gelicht. Garschagen is een naaste medewerker van Van der Meer.[32]

Als de Duitsers met hun arrestanten van de Van Lenneplaan vertrekken, blijven de twee Amsterdamse politieagenten die mee zijn gekomen, achter voor het geval er nog 'bezoekers' komen. De eerste die in de armen van opperwachtmeester Adriaan Kleijn Snuverink en agent Cornelis Snijders loopt, is Jan Kanis. De Amersfoorter is geen lid van de Knokploeg Soest, maar werkt wel geregeld met ze samen. Hij zoekt een goed heenkomen nadat hij een dag eerder betrokken is geweest bij een mislukte overval op het distributiekantoor in Amersfoort. Nadat de politieagenten Kanis hebben vastgebonden, weten ze de KP-leden Henk Meijer en Hans Senff die nietsvermoedend naar de Van Lenneplaan komen, te arresteren. De drie worden 's avonds overgebracht naar Amsterdam. Als de volgende dag een derde KP'er, Dick Uiting, de keuken van Mama Beekman binnenloopt, ontstaat er een worsteling waarbij de stevig gebouwde Uiting agent Snijders doodschiet.[33] Kleijn Snuverink wordt door meerdere kogels getroffen en raakt zwaargewond.[34] Uiting weet te ontkomen.

Als Kanis na zijn arrestatie wordt gefouilleerd, vinden de Duitsers in een van zijn zakken een briefje met de naam 'Regelink'. Omdat hij weet dat Zwier Regelink is ondergedoken, geeft Kanis tijdens zijn verhoor door Oelschlägel het thuisadres van Regelink in Amersfoort prijs. Als de Duitsers in de nacht van 12 op 13 februari een inval doen op de Anthonie van Dijckstraat 12 treffen ze daar niet Regelink, maar een slapende Willem Lengton aan. De leider van de Soester knokploeg heeft een sleutel van het onbewoonde huis voor het geval hij een veilig heenkomen zoekt. Kanis had er geen weet van dat Lengton die nacht in de Van Dijckstraat doorbracht. Hij wordt van zijn bed gelicht en meegenomen.[35]

Oelschlägel kan niet ontevreden zijn geweest over de informatie die hij van zijn v-Frau Miep Oranje heeft gekregen. De ene arrestatie heeft tot de andere geleid. Met de invallen in Soest, Utrecht, Baarn en Amersfoort heeft hij weliswaar niet de KP Soest en de Raad van Verzet in Baarn in zijn geheel opgerold, maar de arrestaties slaan beide groepen uiteen. In het kantoor van de SD aan de Euterpestraat in Amsterdam wordt gelijk begonnen met het verhoren van de arrestanten. *SS-Sturmscharführer* Ernst Wehner en Oelschlägel zijn hiermee belast.

Miep legt meerdere belastende verklaringen af tegen de verdachten. Ze brengt de arrestanten daardoor verder in gevaar. Gerrit Frederiks heeft ze geregeld gezien bij Mama Beekman en behoort tot de Soester verzetsgroep, tekenen Wehner en Oelschlägel op. Henk Meijer is volgens haar ook lid van de groep die samenkomt in de Van Lenneplaan en was betrokken bij de overval op het distributiekantoor in Maartensdijk. Als ze wordt geconfronteerd met Rento Garschagen herkent ze hem als 'Felix'. Hij heeft meerdere keren zijn auto ter beschikking gesteld voor acties van de Raad van Verzet, vertelt Miep de Duitse verhoorders. Bij welke overvallen zijn Buick is ingezet, weet ze niet meer. Felix heeft er ook voor gezorgd dat wapens van leden van de groep werden gerepareerd. Hij maakt volgens haar deel uit van de leiding van de Raad van Verzet en staat in verbinding met een andere verzetsgroep, de Ordedienst. Garschagen ontkent op zijn beurt alle beschuldigingen van Miep. Hij is nooit lid geweest van de Raad van Verzet en heeft van de Ordedienst nog nooit gehoord. Bij een aantal verhoren die Wehner en Oelschlägel afnemen, is Miep aanwezig en neemt ze actief deel. Mama Beekman probeert ze namen en bijzonderheden over de Knokploeg Soest te ontfutselen. 'Een en ander had plaats onder bedreiging,' verklaart Beekman na de oorlog.

Het dossier dat Wehner en Oelschlägel binnen enkele dagen opstellen, bevat in totaal elf verdachten. Aan zeven verdachten die in verband worden gebracht met de Knokploeg Soest – Frederiks, Garschagen, Kanis, Meijer, Senff, Van Veenendaal, Waterman – worden vier mannen toegevoegd. Twee van hen zijn bekenden van Miep, de in begin januari opgepakte Dirk van der List en Jan Karman. Deze laatste is op 14 januari bij een razzia in Bilthoven waar hij zat ondergedoken, gearresteerd. Miep heeft part noch deel gehad aan zijn arrestatie.[36]

Dat Karman betrokken is bij de aanslag op ambtenaar Muller van de Crisis Controle Dienst, weten de Duitsers. Zijn foto prijkt al kort na de moord in het *Politieblad*. De verklaring van Miep tegenover Wehner en Oelschlägel dat zij heeft gehoord dat de Baarnaar in opdracht van de Raad van Verzet 'een politieke moord had gepleegd', doet er weinig meer toe. Karman bekent zijn rol bij de dood van Muller. Dat hij ook betrokken is bij de moord op de Baarnse hoofdagent van politie De Wolf komt niet aan de orde in het verhoor. De Duitsers weten niet van zijn aandeel. Miep mogelijk wel, maar houdt daarover haar mond.

Over Dirk van der List en het pak papier dat ze bij hem heeft laten bezorgen, is ze loslippiger tegenover de Duitsers. Miep vertelt dat ze het papier samen met Van der Gaag (*flüchtig* noteren Wehner en Oelschlägel achter zijn naam) heeft opgehaald en dat het bedoeld was om het eerste nummer van het illegale tijdschrift *Appèl* op te drukken. Van der List heeft eerder voor Van der Meer en de Raad van Verzet gedrukt. Van de communistische geschriften die 'Wim' wilde laten drukken, moest de drukker evenwel niets weten. Deze opdrachten heeft hij geweigerd, aldus Miep. Van der List houdt zich van de domme. Er is in november of december 1943 wel iemand bij hem aan de deur geweest met de vraag of hij strooibiljetten wilde drukken. Wat daar op moest komen te staan, weet hij niet. Dat Miep en Van der Gaag hem een pak papier hebben doen toekomen, kan hij zich niet herinneren.

Carl Cahn en de Zeister verzetsman Cornelis Burger zijn de tiende en elfde verdachte in het dossier van Wehner en Oelschlägel. Burger valt eind januari door verraad van een eerder opgepakte verzetsman in Utrecht in handen van de Duitsers. Hij is betrokken geweest bij de bevrijding van de gewonde verzetsstrijder Co Dankaart uit een Haags ziekenhuis door een aantal leden van de Raad van Verzet. Mama Beekman en Willem Lengton worden door de SD'ers niet betrokken bij hun onderzoek.

Wehner en Oelschlägel hechten veel waarde aan de getuigenissen van Miep tegen Frederiks, Garschagen, Meijer, Karman en Van der List. Ze heeft over hen op alle punten de waarheid gesproken, stellen ze in hun dossier tevreden vast. Aan verdachten die haar beschuldigingen ontkennen, moet volgens beiden geen geloof worden gehecht. Over de andere zes mannen heeft Miep niets verklaard. Mogelijk is ze deze als koerierster geen van allen tegengekomen. De bewijzen tegen hen komen van de Sipo/SD in Arnhem die een aantal overvallen van de Knokploeg Soest onderzoekt. Daarnaast hebben Wehner en Oelschlägel informatie aan Willem Lengton weten te ontfutselen. Hoe ze dat voor elkaar hadden gekregen, laten ze in het midden in hun dossier.[37]

De elf verdachten zitten met een ketting aan elkaar vast als ze op dinsdag 15 februari voor het drie leden tellende *Polizeistandgericht* Amsterdam worden gebracht.[38] Het politiestandrecht is de meest marginale vorm van rechtspraak. Verdachten die voor een Polizeistandgericht moeten verschijnen, krijgen in de regel geen advocaat. Een apart openbaar ministerie ontbreekt eveneens. Een functionaris die heeft meegewerkt aan het politieonderzoek treedt doorgaans op als aanklager (*Vertreter der Anklage*). De straffen zijn hoog en worden snel voltrokken. In beroep gaan tegen een vonnis is niet mogelijk. Tijdens de april-meistakingen van 1943 heeft een aantal standgerechten – nadat het politiestandrecht is afgekondigd – opgetreden tegen stakers en andere vermeende onruststokers. Tegen meer dan honderd verdachten is de doodstraf uitgesproken. De eerste zitting van een Polizeistandgericht zonder dat het standrecht is afgekondigd, is op 30 september 1943 tegen 25 leden van de Amsterdamse verzetsgroep cs-6. Negentien van hen worden ter dood veroordeeld. Onder hen is de verloofde van v-Frau Irma Seelig, Leo Frijda. Daags na de uitspraak worden de doodvonnissen voltrokken.[39]

De zitting van het Polizeistandgericht Amsterdam tegen de elf verdachten van Wehner en Oelschlägel wordt in de raadzaal van het eind negentiende-eeuwse raadhuis van Soest aan de Steenhoffstraat gehouden. Doordat het standgerecht binnen een paar dagen na de inval aan de Van Lenneplaan bijeenkomt, lijkt het erop dat de Duitsers haast hebben de dood van politieagent Snijders te vergelden. De voorzitter (*Vorsitzer*) van de rechtbank is ss-*Hauptsturmführer* Seifert. Zijn twee bijzitters (*Beisitzer*) zijn ss-Hauptsturmführer Dr. Klein van de *Panzerjäger-Ersatz-Abteilung* die in Hilversum is gelegerd en *Oberleutnant* Hanke van de *Ordnungspolizei* in Amsterdam. Als aanklager treedt ss-Sturmbannführer Erich Deppner op, die zover bekend niet betrokken is geweest bij het onderzoek naar de verdachten.

De jurist Deppner werkt op het hoofdkantoor van de Sipo/SD in Den Haag. Hij heeft de leiding over de vierde afdeling van de dienst, die zich bezighoudt met de bestrijding van de illegaliteit en de verwijdering van de Joden in Nederland. Deppner is de eerste commandant van het doorgangskamp Westerbork geweest (ongeveer twee maanden) en heeft in april 1941 de leiding over de executie van 77 Sovjetsoldaten die gevangenzitten in Kamp Amersfoort.[40] Anders dan gebruikelijk is, krijgen de verdachten in het Soester raadhuis wel een advocaat toegewezen. Het is een raadsman waar ze weinig mee opschieten. De keuze van het Polizeigericht valt op SS-Sturmscharführer Friedrich Christian Viebahn, die binnen de SD als Kriminalsekretär nauw samenwerkt met Oelschlägel en Wehner.[41]

De zitting in de Soester raadzaal kent een merkwaardig verloop. Als de voorzitter de bijzitters en de tolk heeft beëdigd, is het woord aan aanklager Deppner. Hij laat de aanklacht tegen zeven van de elf verdachten direct vallen. Hij beperkt zich tot Burger, Cahn, Karman en Van Veenendaal. Mogelijk volstaat voor de Duitsers de veroordeling van vier mannen als vergelding voor de dood van politieman Snijders. Tegen alle vier de verdachten eist Deppner de doodstraf, wegens het overtreden van de 'verordening ter bescherming van de openbare orde' die rijkscommissaris Seyss-Inquart in januari 1943 heeft afgekondigd. De bepalingen in de zogenoemde *Ordnungsschutzverordnung 1/43* zijn eerder bedoeld om de bezettende macht te beschermen dan de openbare orde.

Zij kenmerkten zich door een grote mate van vaagheid. Bewust had de wetgever verzamelbegrippen zoals *Deutschfeindlichkeit* en sabotage gebruikt: een flexibele, doeltreffende strafrechtspraak zou hiermee zijn gediend. Om diezelfde reden noemden de voorschriften diverse straffen. In theorie kon de rechter van geval tot geval beslissen welke straf op zijn plaats was.[42]

Mogen de verdachten zich illusies hebben gemaakt over de verdediging van Viebahn, dan komen zij bedrogen uit. De ss-Sturmscharführer beperkt zich tot het vragen om een '*mildere Bestrafung*'. De verdachten krijgen het laatste woord en vroegen eveneens om een lichtere straf.

Het Polizeistandgericht oordeelt snel en hard. Als de voorzitter en de twee bijzitters na kort overleg terugkeren in de raadzaal krijgen Burger, Karman en Van Veenendaal de doodstraf. Ze zijn alle drie begin twintig. Burger krijgt de doodstraf voor de 'ontvoering' van verzetsman Dankaart uit het ziekenhuis. Karman wordt schuldig bevonden aan de moord op controleur Muller. Van Veenendaal moet boeten voor de overval van de Knokploeg Soest op het distributiekantoor in Geldermalsen. De zaak tegen Cahn wordt aangehouden voor nader onderzoek. De rechter kwalificeert de misdaden van de veroordeelden tegen de bezettende macht als 'zeer ernstig'. Het bewijs van hun schuld is volgens het standgerecht overtuigend geleverd. De verdachten hebben hun daden ook bekend. Strafverlichtende omstandigheden zijn niet aanwezig. Ook de jeugdige leeftijd van de mannen niet. Ze hadden kunnen weten dat ze zwaar zouden worden gestraft voor hun daden. Er waren eerdere veroordelingen geweest in vergelijkbare gevallen, aldus voorzitter Seifert van het politiestandgerecht.[43]

Het doodvonnis tegen de drie wordt de volgende dag om 17.20 uur voltrokken in de duinen bij het Noord-Hollandse Overveen. Een laatste verzoek om genade wordt afgewezen. Cornelis Burger schrijft zijn moeder een brief ter afscheid waarin hij haar probeert te steunen in haar verdriet: 'Denk niet, dat wij bang zijn of angst hebben voor de dood. Zij doden wel ons lichaam, maar niet onze ziel…'[44]

De overige verdachten gaan niet vrijuit, ondanks het feit dat er geen aanklacht tegen ze is ingediend door aanklager Deppner of een straf is uitgesproken door het Polizeistandgericht. Via Kamp Vught worden ze afgevoerd naar verschillende concentratiekampen in Duitsland. Willem Lengton moet op 13 april 1944 voor het standgerecht in Den Haag verschijnen. Hij wordt ter dood veroordeeld en een dag later gefusilleerd op de Waalsdorpervlakte. Na zijn dood ontvangen zijn ouders een pakje waarin zijn ring en een pullover zitten. In de mouw van het kledingstuk zit een briefje verborgen met enkele aantekeningen die hij in gevangenschap heeft gemaakt. De tekst eindigt met de woorden:

> Ik ga heen als een goed Nederlander die zijn woord van trouw niet heeft gebroken. Leve de Koningin, leve Nederland.[45]

Mama Beekman wordt zonder tussenkomst van een rechter op transport gesteld naar het concentratiekamp Buchenwald bij de Duitse stad Weimar.⁴⁶ Dick van der Meer ontspringt de dans. Na de arrestatie van zijn koerierster verlaat hij zijn onderduikadres in Lage Vuursche, waar hij sinds enige tijd verblijft, en vertrekt naar Amsterdam. Daar zet hij zijn verzetswerk voort. Hij geeft op eigen houtje en samen met anderen meerdere illegale krantjes uit.⁴⁷

Kort na het proces in februari 1944 tegen de leden van de Raad van Verzet en van de Knokploeg in het raadhuis laat Miep haar gezicht weer zien in Soest. Vermomd als een oude vrouw meldt ze zich op een zondagochtend aan de achterdeur bij de familie Quelle aan de Torenstraat. Tegen moeder Klaasje Quelle vertelt ze te zijn ontsnapt uit de gevangenis in Amsterdam en een onderduikadres te zoeken. Klaasje vertrouwt het verhaal niet en schakelt haar broer Arend Smit in. De Amsterdamse verzetsman spreekt langdurig met Miep, maar kan haar niet op een leugen betrappen. Volgens vriendin Miep Quelle wordt daarop besloten haar in contact te brengen met een bevriende boer in de buurt van het Groningse Appingedam, Aldert Klaas Dijkema. Daar kan ze onderduiken.

Gerustgesteld door Smits verhoor en door het ogenschijnlijke vertrek van Miep naar het Noorden blijft de familie Quelle betrokken bij de hulp aan onderduikers. In de woning annex winkel van de familie zitten meerdere Joden ondergedoken. Het gevaar lijkt geweken, totdat in de nacht van zaterdag 3 op zondag 4 juni 1944 de bel gaat op de Torenstraat. Als Miep Quelle zich uit het raam van haar slaapkamer buigt om te vragen wie er voor de deur staat, krijgt ze als antwoord: *Aufmachen. Polizei.* 'Toen heb ik mijn vader geroepen en begon het spul.' Haar vader wordt meegenomen door de Duitsers. Dochter Miep laten ze met rust, uit angst voor de besmettelijke TBC waaraan ze lijdt.[48] De jonge Joodse vrouw die met haar ouders bij de familie Quelle zit ondergedoken wordt ongemoeid gelaten, als ze een persoonsbewijs zonder 'J' kan laten zien. Haar niet-Joodse vader loopt geen gevaar. Haar moeder weet de Duitsers te overtuigen dat zij van Italiaanse afkomst is. Naar haar persoonsbewijs, waar wel in staat dat ze Joods is, wordt niet gevraagd.[49]

Terwijl twee Duitsers beneden in de woning aan de Torenstraat achterblijven om bezoekers op te vangen, weet Miep samen met een vierde onderduiker via de dakgoot en twee platte daken te ontkomen. Ze gaat op weg naar haar verloofde Jenne Wielenga die uit Rotterdam is overgekomen en bij zijn moeder verblijft. Jenne is naar Soest gekomen om Mieps én zijn verjaardag op 4 juni te vieren. Arend Quelle zit inmiddels ondergedoken bij de weduwe Wielenga. Miep Quelle en de onderduikster zijn halverwege als ze het Joodse echtpaar tegenkomen dat zich bij Wielenga schuilhoudt. Zij vertellen dat Jenne, zijn ondergedoken neef Bert Telder en Arend door de Duitsers zijn meegenomen.[50]

Johan Willem Quelle vermoedt dat Miep Oranje verantwoordelijk is voor de inval in zijn woning en het verraad van zijn zoon. De Duitsers weten volgens hem precies de weg in zijn huis en stellen vragen die alleen kunnen zijn ingegeven door informatie die van Miep afkomstig is.[51] Zijn dochter is nog een stuk stelliger. Zij zegt in een interview onomwonden: 'De inval in ons huis was duidelijk het verraad van Miep.' Verdere details geeft ze niet of worden niet opgeschreven door de journalist. Voor Quelle staat ook vast dat haar vriendin een paar maanden later haar onderduikverlener Dijkema heeft verraden, met als gevolg dat hij is doodgeschoten door de Duitsers.[52] Die laatste beschuldiging raakt kant noch wal. De Groningse boer, die zelf in de loop van de oorlog onderduikt, wordt verraden door de NSB-burgemeester van het plaatsje Bierum, Klaas Brontsema. De kogels waarmee Dijkema in de nacht van 21 op 22 september wordt gedood, komen uit het wapen van de Nederlandse SD'er Siert Bruins.[53] Bewijs dat Miep daadwerkelijk is ondergedoken bij Dijkema is er niet.

Het is goed mogelijk dat Miep de Duitsers een halfjaar na haar arrestatie alsnog op het spoor heeft gezet van de familie Quelle. De SD heeft een paar maanden eerder de druk op haar flink opgevoerd door haar vader te arresteren. Cees Oranje wordt op 12 april 1944 opgepakt en – net als in december 1943 zijn vrouw overkwam – enige tijd als gijzelaar opgesloten in het Huis van Bewaring II aan de Amstelveenseweg.[54] Een van de twee mannen die Oranje op 12 april arresteert, is de Amsterdamse politieman Walter Cornelis Mollis. Rechercheur Mollis werkt voor de SD en is drie dagen eerder betrokken bij een *Silbertanne Aktion* in Beverwijk. Als wraak op een aanslag van het verzet worden in de Noord-Hollandse plaats twee moorden gepleegd. Het commando waar Mollis deel van uitmaakt, schiet de chirurg Johannes Büller in de deuropening van zijn woning dood.[55] Hoe lang Oranje wordt vastgehouden als gijzelaar, is niet vast te stellen. Maar met zijn arrestatie maakt de SD duidelijk dat ze resultaten van Miep verwacht. Het verraad van de familie Quelle kan daarvan het gevolg zijn geweest, maar zekerheid is daar niet over.

Miep woont niet meer bij haar vader en stiefmoeder aan de Braamweg in Soest sinds ze voor de SD is gaan werken. Mogelijk dat Sachbearbeiter Oelschlägel haar – net als hij later met de Joodse v-Frau Irma Seelig doet – met andere medewerksters van de SD in een Gemeinschaftshaus onderbrengt. In mei of juni 1944 logeert Miep in elk geval een week bij Willem Nicolaas de Blaey en Johanna Barbara van der Vies in Arnhem. Johanna Barbara is de drie jaar jongere zus van Mieps overleden moeder. Miep vertelt haar oom en tante dat ze uit gevangenschap is ontsnapt tijdens een bezoek aan de tandarts. Ze vertrekt na een week weer. Ze wil haar oom en tante niet in gevaar brengen, geeft ze als reden voor het afscheid. Oom De Blaey, adjunct-accountant bij de Rijksbelastingen, brengt Miep naar het station van Arnhem, vanwaar ze de trein wil nemen naar Utrecht. Neef John, die ten tijde van Mieps bezoek aan zijn ouders dertien jaar oud is, herinnert zich decennia later dat zijn vader Miep de volgende dag tot zijn stomme verbazing in Arnhem in de tram ziet zitten.

> Het was lijn 2, ik weet het nog heel goed. Mijn vader, die ook in de tram zat, zag hoe Miep haar vinger aan de mond bracht. Zo van, laat niet merken dat je me kent. Dat advies heeft mijn vader ook opgevolgd.[56]

Begin juli 1944 is Miep in elk geval niet meer in Arnhem, maar in Amsterdam. Op 4 juli treft Kees Brouwer, oudschoolgenoot en lid van de vriendengroep rond de gereformeerde Wilhelminakerk in Soest-Zuid, haar bij toeval op de Weteringschans in de hoofdstad. Ze is radeloos. Haar duikadres in Groningen is opgerold, maakt ze hem wijs en vraagt om hulp. Brouwer helpt zijn jeugdvriendin aan een onderduikadres in Rotterdam en schakelt haar als koerierster in voor het verzetswerk dat hij verricht voor de Landelijke Organisatie voor Hulp aan Onderduikers (LO). Brouwer maakt onderdeel uit van de Persoonsbewijzensectie (PBS) die zich bezighoudt met het vervaardigen van valse persoonsbewijzen.[57]

Sinds Miep in de loop van 1943 in de illegaliteit is␣gerold, is de strijd met de bezettingsmacht geëscaleerd. Aangemoedigd door het aanhoudende offensief van de Sovjet-Unie in het Oosten neemt het (gewapende) verzet in omvang verder toe. De Duitsers reageren harder en wreder naarmate het besef groter wordt dat de nederlaag zich aftekent. Met hulp van de Nederlandse politie maakt de SD verwoed en meedogenloos jacht op Joden, verzetsstrijders en andere 'vijanden' van het Derde Rijk. Bij razzia's worden mannen van straat geplukt en via Kamp Amersfoort afgevoerd naar Duitsland om daar verplicht te werken.

Een paar dagen na de aanslag op de Nederlandse luitenant-generaal b.d. Seyffardt raakt Anton Mussert's gemachtigde voor volksvoorlichting Herman Reydon op 7 februari 1943 zwaar gewond bij een liquidatiepoging in Voorschoten. Reydons echtgenote sterft ter plekke. Zelf bezwijkt hij een halfjaar later aan zijn verwondingen. De aanslagen op de twee hooggeplaatste NSB'ers vormen de directe aanleiding tot de Silbertanne Aktion, represaillemoorden voor aanslagen op NSB'ers en andere Duitsgezinden. De eerste drie sluipmoorden worden op 29 september 1943 in Meppel en Staphorst door twee Duitse SD'ers gepleegd als vergelding voor de dood van een NSB-boer in het Drentse De Wijk die fel op onderduikers jaagt.[58] Op 13 en 14 januari 1944 is Soest het toneel van een vergeldingsactie. De Silbertanne Aktion volgt op een schietpartij tussen drie leden van de Knokploeg Soest en twee SS'ers. Een van de SS'ers raakt lichtgewond bij de schotenwisseling. Als wraak worden vijf Soesters op straat neergeschoten. Twee van hen overleven de aanslag. De dodelijke slachtoffers zijn smid Klaas Brons, leraar handenarbeid Johan Houtman en directeur van de gemeentewerken Wim van Goor. De wraak van de Duitsers bestaat niet alleen uit de vijf moordaanslagen. Om de inwoners van Soest af te houden van enig verzet in de toekomst worden 23 mannen in gijzeling genomen.[59]

Na de landing van de geallieerden op de stranden van Normandië op 6 juni 1944 neemt het geloof in de Duitse nederlaag verder toe. De bezetter maakt op zijn beurt onverminderd jacht op het verzet en blijft met harde hand op aanslagen reageren. Als op 15 juli 1944 SS-Sturmscharführer Ernst Wehner in Amsterdam gewond raakt bij een moordaanslag, worden een dag later veertien gevangengenomen verzetslieden in de duinen bij Overveen als vergelding doodgeschoten. Onder de gefusilleerden is de Drentse verzetsstrijder Johannes Post, een van de leidende figuren binnen de Landelijke Knokploegen. Post is in de vroege ochtend van 15 juli met zes anderen opgepakt na een mislukte overval op het Huis van Bewaring 1 aan de Weteringschans. De actie was bedoeld om een aantal eerder opgepakte verzetsstrijders te bevrijden. Een Nederlandse ss'er die als bewaker in de gevangenis werkte, beloofde te helpen bij de overval, maar speelde dubbelspel.[60] Wehner herstelt van zijn verwondingen en stort zich weer op het opsporen van 'tegenstanders' van het Duitse regime.[61]

De rechtspraak door Duitse rechtbanken wordt begin juli door een *Führerbefehl* opgeschort voor niet-Duitse inwoners van de bezette westelijke gebieden. In een regeling wordt nader uitgewerkt dat de Sicherheitspolizei bij misdrijven zelf straffen kan opleggen. De keuze is beperkt: doodstraf, concentratiekamp, gedwongen tewerkstelling of vrijspraak. Met de afkondiging van het *Niedermachungsbefehl* door Hitler na de mislukte aanslag op zijn leven op 20 juli 1944, is de geweldsescalatie volledig. 'Saboteurs en terroristen' die op heterdaad worden betrapt, moeten ter plekke worden doodgeschoten.[62]

Mieps ontmoeting met jeugdvriend Kees Brouwer is een 'gelukje'. Voor het verder binnendringen van de Landelijke Organisatie voor Hulp aan Onderduikers hoeft ze ook niet al te veel moeite te doen. Brouwer brengt haar na verloop van tijd in contact met Teus van Vliet, een van de kopstukken van de LO. De organisatie is ontstaan uit de contacten tussen de gereformeerde huisvrouw Heleen Kuipers-Rietberg en predikant Frits Slomp. Beiden bieden al hulp aan Joden en mannen die niet in Duitsland willen werken als ze eind 1942 de handen ineenslaan en een landelijk hulpnetwerk voor onderduikers opzetten. Als dominee van de gereformeerde gemeente in het Overijsselse Heemse, dicht bij de Duitse grens, waarschuwt Slomp al voor de oorlog voor het opkomende nazisme. Als eind jaren dertig Joden vanuit Duitsland illegaal de grens met Nederland oversteken, helpt hij ze aan onderdak. Na de Duitse inval roept Slomp vanaf de kansel op tot verzet. In de zomer van 1942 duikt hij zelf onder, maar zet hij zijn illegale werk voort onder de schuilnaam 'Frits de Zwerver'. Tijdens een lezing in Wintersjwijk ontmoet hij Kuipers-Rietberg. Zij is een van de oprichters van de Gereformeerde Vrouwenbeweging in het Gelderse dorp en vanaf de oprichting in 1937 hoofdbestuurslid van de Bond van Gereformeerde Vrouwenverenigingen in Nederland. Hierdoor beschikt zij over een groot netwerk verspreid over het land.[63] De Haagse onderwijzer Van Vliet raakt rond de oprichting al betrokken bij de LO. Hij wordt de LO-leider in de provincie Zuid-Holland. Als bestuurslid van de Christelijke Korfbalbond brengt hij veel namen en adressen in waar onderduikers terechtkunnen.[64]

De 31-jarige Van Vliet, die opereert onder de schuilnaam 'Hugo', is op zoek naar een koerierster die kan stenograferen en typen als Brouwer Miep aan hem voorstelt. Zijn eerste indruk van haar is niet gunstig:

> Een type, dat in onze kringen niet zo erg vaak voorkwam. Heel erg opgemaakt, maar, wat ze me toevertrouwde, deed omdat ze zich camoufleren wilde. Ze was vreselijk geverfd, rode nagels, vuurrode lippen. Ik geneerde me altijd. En vond het niet leuk om met haar te reizen.

Van Vliets beschrijving van Miep duidt erop dat ze niet langer het zwijgzame, gereformeerde meisje van Het Baarnsch Lyceum is. De korte tijd aan de universiteit in Utrecht en de nieuwe wereld waarin ze als koerierster van het verzet is terechtgekomen, hebben haar veranderd van een muurbloempje in een opvallende jonge vrouw. Ondanks zijn bedenkingen reist Van Vliet op de avond dat Miep in Rotterdam aan hem wordt voorgesteld, met haar naar zijn onderduikadres in Hilversum. Mieps gereformeerde achtergrond zal voor haar hebben gepleit om binnen de LO te worden opgenomen. Miep vertelt haar reisgenoot 'vreselijke verhalen van haar verhoren' en dat ze ontsnapt is uit de gevangenis. Ze doet Van Vliet geloven dat ze wraak wil nemen op de Duitsers voor het doodschieten van een leider van de Raad van Verzet, 'waar ze zo'n beetje mee verloofd is geweest'. Ze lijkt te verwijzen naar Dick van der Meer, die niet dood is, maar ondergedoken zit in Amsterdam. Van Vliet brengt haar in Hilversum onder in een kosthuis. Zelf verblijft hij sinds kort in het pension van de familie Kool aan de Peerlkamplaan.

Miep staat elke dag klaar voor haar nieuwe baas. Hij heeft geen geheimen voor haar. Van Vliet deelt namen en contactadressen met haar die ze vervolgens uit haar hoofd leert.

> Om een uur of 8 kwam ze bij me en ging ze zitten tikken. We hadden twee kamers naast elkaar. In één kamer kon ze slapen. We waren goede vrienden, niet overmatig. Als mens vond ik ze niet aardig. Ze interesseerde me verder niets. Ik praatte niet veel met haar. Alleen over de organisatie spraken wij.

Sachbearbeiter Oelschlägel kan in zijn werkkamer aan de Euterpestraat niet anders dan in zijn nopjes zijn met de snelle carrière van zijn v-Frau binnen de LO. Hij heeft na de Raad van Verzet in Baarn en de Knokploeg Soest dankzij Miep een nieuwe verzetsorganisatie in het vizier. Van Vliet neemt Miep onder de schuilnaam 'Edith' mee naar vergaderingen en laat haar het paneel zien op zijn onderduikadres waarachter hij zijn archief verbergt. 'Jij mag alles weten en weten hoe het werkt,' vertrouwt hij haar toe. Zijn aanvankelijke weerzin tegen zijn nieuwe koerierster verdwijnt al snel. Kort nadat ze voor hem is gaan werken, geeft hij haar een paar schoenen cadeau.[65]

Als Miep ongeveer een maand in dienst is bij 'Hugo', besluit Oelschlägel dat het tijd is hem op te pakken. Zijn informante heeft voldoende informatie verzameld tegen hem en heeft de organisatie van de LO goed in kaart kunnen brengen. Na een eerste mislukte poging bij restaurant Smaalders aan de Overtoom in Amsterdam – Van Vliet komt niet opdagen bij een afspraak met Miep – wordt op dinsdag 8 augustus 1944 een tweede val opgezet.[66] Miep heeft die dag rond 13.00 uur met Van Vliet in de buurt van de Vondelkerk in de hoofdstad afgesproken. Zij komt hem papieren brengen voor een zogenoemde kernvergadering van kopstukken van de LO die in Amsterdam wordt gehouden. Uit veiligheidsoverwegingen reist de top van de organisatie niet zelf met belastend materiaal door het land. Bij de neogotische kerk aan de rand van het Vondelpark worden ook twee andere verzetsmannen verwacht. Zodra Miep de papieren aan Van Vliet heeft overhandigd gaan de drie mannen samen naar de kernvergadering, zo luidt de afspraak.

Ook de tweede poging Van Vliet te arresteren mislukt. Zijn trein is vertraagd. Hij besluit niet langs de kerk te gaan om zijn papieren op te halen, maar begeeft zich rechtstreeks naar het vergaderadres. De andere twee verzetsmannen zijn wel op tijd op de afgesproken plaats. Een van hen, Gerben Wagenaar die Dick van der Meer is opgevolgd in de leiding van de landelijke Raad van Verzet, slaat de schrik om het hart als hij Miep bij de Vondelkerk ziet. De communist Wagenaar heeft Miep eerder ontmoet in het gezelschap van Van der Meer en weet dat ze door de Duitsers is opgepakt en vrijgelaten. Dat laatste vertrouwt hij niet. Omdat Van Vliet zich niet laat zien, worden Wagenaar en zijn metgezel ongemoeid gelaten door de postende SD'ers. De verontruste Wagenaar spoedt zich naar de LO-vergadering. Daar treft hij Van Vliet, die hij geschrokken vertelt over zijn ontmoeting met Miep. Van Vliet maakt zich niet al te veel zorgen over het verhaal van Wagenaar. Voor hem is het volkomen verklaarbaar dat Miep in de buurt van de Vondelkerk was. Ze zou hem immers papieren overhandigen. Van Vliet reist na de vergadering in Amsterdam aan het begin van de avond terug naar Hilversum. Zijn onbezorgdheid wordt hem bijna fataal.

Nu de val voor 'Hugo' bij de Vondelkerk niet is dichtgeklapt, besluit Oelschlägel dezelfde dag nog een nieuwe poging te doen hem op te pakken. Omdat zijn V-Frau is herkend, is er geen tijd te verliezen, beseft hij. Aan het begin van de avond doen de Duitsers een inval op Van Vliets onderduikadres aan de Peerlkamplaan. Ze zijn te vroeg. De prooi is nog niet terug uit Amsterdam. Pensionhouder Kool ziet hoe de Duitsers direct doorlopen naar de geheime bergplaats van zijn onderduiker.

Als Van Vliet rond 19.30 uur op station Hilversum aankomt, wordt hij door een lid van de LO gewaarschuwd. Die is op zijn beurt gealarmeerd door de dochter van de pensionhouder. De jonge vrouw is in huilen uitgebarsten en heeft de Duitsers wijsgemaakt dat ze de werkster is en naar huis wil, omdat haar moeder ongerust zou zijn. Zij mag gaan. Kools dochter gaat vervolgens naar de woning van Richard Bing aan de Boschlaan, waar twee andere kopstukken van de LO zitten ondergedoken. Zij zorgen ervoor dat Van Vliet door een medewerker wordt gewaarschuwd. Hij zoekt daarop een veilig heenkomen bij een bekende in Eemnes.

De in Oostenrijk geboren Bing is een voormalige Duitse officier die in Nederland werkt als verkoper van tweedehandsboeken. Hij gaat in de loop van de avond poolshoogte nemen in de Peerlkamplaan. Bing vertrouwt erop dat hij als Duitser en oud-officier geen gevaar loopt. Maar als de Duitsers die bij het pension zijn achtergebleven, zijn papieren controleren, wordt hij gevangengenomen. Zijn adres aan de Boschlaan staat op een lijst met verdachte adressen die Miep voor Oelschlägel heeft opgesteld. Pensionhouder Kool wordt ook door de Duitsers meegenomen.[67]

Miep heeft niet alleen het onderduikadres van Van Vliet verraden en de naam en het adres van Bing aan de Duitsers doorgegeven. In de nacht van 8 op 9 augustus worden op meerdere adressen die bij haar bekend zijn, invallen gedaan. In Delft wordt aan de Vlamingstraat 24b student en gewestelijk LO-leider Willem de Nie ('Wampie') samen met zijn in het verzet actieve vrienden Cornelis van Bergeijk (Kees) en Cornelis van Nes ('Noppes') opgepakt. Een vierde student die in de woning aanwezig is en de verloofde van Van Nes worden ook meegenomen. Als de volgende dag student Loet Hesselberg zich op de Vlamingstraat 24b meldt, wordt hij door de achtergebleven medewerkers van de SD in de kraag gevat. Hesselberg reist onder de schuilnaam 'Von Schlicher' geregeld naar Duitsland om studenten die dwangarbeid moeten verrichten over te halen terug te keren naar Nederland.[68]

Op het tweede adres in Delft waar de Duitsers binnenvallen, woont een koerierster voor de LO Zuid-Holland, Johanna Maria Elisabeth Fokkema, met haar ouders. Uitgerekend die nacht brengt ook haar broer dominee Bert Fokkema eenmalig de nacht door in het ouderlijk huis aan de Nieuwe Plantage 47. Fokkema werkt voor de illegale krant *Trouw* en is in Noord-Brabant betrokken bij de hulp aan neergestorte geallieerde vliegers. Broer en zus Fokkema worden beiden door de Duitsers meegenomen.[69] Ruim 30 kilometer verderop in Gouda wordt in dezelfde nacht Willem J. Dercksen opgepakt. De importeur in farmaceutische artikelen is al vroeg na de Duitse inval actief geworden in het verzet. In de zomer sluit Dercksen (schuilnaam 'Hoog Sr.') zich met zijn eigen verzetsgroep aan bij de LO.[70] In Zwijndrecht wordt koerierster Jeanne Berkelaar meegenomen. Miep heeft haar een paar keer thuis bezocht aan de Juliana van Stolbergstraat. Vader Pieter Berkelaar wordt met rust gelaten. Miep is niet op de hoogte van zijn verzetsactiviteiten.[71]

Aan de Keizersgracht in Amsterdam vallen de Duitsers

een woning binnen op zoek naar 'De Groot'. Omdat ze ervan uitgaan dat De Groot een man is, laten ze koerierster Joke de Groot van de LO-leiding die in het pand verblijft, ongemoeid.[72] Op de Voorburgseweg 65 in Leidschendam wordt op 8 augustus om 22.00 uur waarnemend districtsleider Jacobus Simon (Co) Veenenbos opgepakt. Miep heeft een dag eerder met een medekoerierster nog bonkaarten bezorgd bij zijn zoon Jacobus Simon (Co junior) en enige tijd met hem op zijn kamer gepraat. Zoon Veenenbos die illegale berichten aan het uittypen is als de Duitsers aanbellen, kan het huis uitvluchten. Omdat ze Co junior niet aantreffen, nemen ze zijn vader mee.[73]

De grootste slag slaan de Duitsers in Utrecht. Miep heeft hen het adres aan de Oudegracht 230a gegeven dat fungeert als koerierscentrale van de LO. Op de ochtend van 9 augustus worden koeriersters uit verschillende delen van het land verwacht in de damesmodezaak Maison Liana om berichten uit te wisselen. Een Utrechtse politieman weet de plaatselijke LO-leider nog wel te waarschuwen voor de aanwezigheid van de SD in het pand. Utrechtse LO-medewerkers proberen zo veel mogelijk koeriersters op te vangen, maar ze herkennen niet iedereen die onderweg is om post uit te wisselen. De arrestatie van een aantal koeriersters leidt tot nieuwe aanhoudingen, met fatale gevolgen.

Een van de koeriersters die aan de Oudegracht in handen valt van de Duitsers, is Cornelia van den Berg-van der Vlis ('Annie Westland') van de LO in Friesland. Van den Berg is naar Utrecht gekomen om de helft van een in tweeën gescheurd stuk papier af te geven. Met dit 'pasje' kan een partij bonkaarten die is gestolen in Workum, in Koudum worden opgehaald door het Centraal Distributie Kantoor van de LO. Vijf dagen na de arrestatie van de koerierster vertrekt een aantal medewerkers van de SD, onder wie de broers Pieter Johan en Klaas Carel Faber, van Groningen naar Koudum. Als de mannen zoekend rondrijden worden ze aangesproken door de 24-jarige Gerben Ypma, die betrokken is geweest bij de bonnenroof. Nadat een van de SD'ers Ypma het pasje heeft getoond dat koerierster Van den Berg op zak had bij haar arrestatie, leidt hij ze naar een wijkzuster in het dorp waar de bonkaarten zijn verstopt. Ypma en wijkzuster Trijntje Scheringa worden meegenomen naar het beruchte Scholtenhuis aan de Grote Markt in Groningen. Ypma wordt zwaar verhoord en noemt namen. Twee dagen later arresteert de SD de 52-jarige notarisklerk Tjalke van der Wal, die onderdak heeft verschaft aan Gerben Oppewal, de leider van de overval op het distributiekantoor. Oppewal is na de arrestatie van Ypma elders ondergedoken. Van der Wal heeft het advies om voorlopig van huis weg te blijven in de wind geslagen. Op weg naar het gemeentehuis schieten Pieter Johan Faber en de Duitse SD'er Helmuth Johann Schäper hun arrestant dood. Carel Faber verklaart na de oorlog dat Van der Wal opzij sprong waardoor het leek of hij wilde ontsnappen. Ypma wordt gedwongen zijn eigen onderduikadres te laten zien. Op de slaapkamer waar hij zich had verscholen, wordt hij mishandeld en doodgeschoten.[74]

Het oprollen van de koerierscentrale in Utrecht is het gevolg van het verraad van Miep, maar dit had veel minder desastreus uitgepakt als Van Vliet had geluisterd naar een waarschuwing van de Utrechtse LO-leider Henk Das ('Ruurd'). Ondanks een huiszoeking in Maison Liana door de Duitsers een week eerder, heeft Van Vliet het adres aangehouden om post uit te wisselen. Das had hem geïnformeerd over de huiszoeking en op het hart gedrukt de Oudegracht 230a niet meer te gebruiken. In een boze brief herinnert hij hem kort na de inval daaraan en maakt hij 'Hugo' stevige verwijten:

> Het is een onvergeeflijke fout, dat je dit adres, ondanks de waarschuwing, welke ik je de vorige week naar aanleiding van de huiszoeking aldaar doorgaf, toch aangehouden hebt voor zoo'n delicate questie als het uitwisselen van de post. Je wist, dat Utrecht momenteel in het brandpunt van de belangstelling staat van de Heeren S.D. Je had dus bijtijds maatregelen moeten nemen en in geen geval dat adres aan mogen houden. Ik weet wel, dat de familie van Henk geprobeerd heeft de zaak te bagatelliseren *[sic]*, Ze schreven mij reeds enkele dagen daarna, dat de zaak weer veilig was en ik gerust kon komen, waarop ik geantwoord heb, dat ik het beter vond hun adres voorlopig te mijden.[75]

In Utrecht wordt in de ochtend van 9 augustus ook Chris Boven opgepakt. Boven vervangt de vaste koerierster van de LO Gelderland. De arrestatie van Boven leidt de Duitsers naar zijn broer Evert, die onder de naam 'Nico' zowel leiding aan de LO in Gelderland als in Overijssel geeft. De broers Boven zitten samen ondergedoken in een boerderij in Heelsum. Chris geeft onder druk van zijn verhoorders na een week het onderduikadres prijs, in de veronderstelling dat zijn broer een goed heenkomen heeft gezocht. Als de Duitsers in de nacht van 16 op 17 augustus 1944 de boerderij binnenvallen, blijkt Evert Boven zich daar nog steeds schuil te houden. Bij zijn arrestatie heeft hij twee valse persoonsbewijzen op zak die bestemd zijn voor LO-oprichter Kuipers-Rietberg ('tante Riek') en haar man Piet. Beiden worden twee dagen later op hun onderduikadres in Bennekom opgepakt.

Het verraad van 'tante Riek' wordt Miep ('Edith') in *Het Grote Gebod*, het naoorlogse gedenkboek van de LO en LKP, hard aangerekend.

> Gods wegen zijn wonderlijk. Wie kan ze verstaan? Tante Riek en Edith, ze behoorden tot één en dezelfde kerkelijke gemeenschap. Ze kozen aanvankelijk dezelfde weg van verzet. De één stierf in ellende en kommer, maar ondanks dat alles overwinnaar. En de ander verried de vrienden die aan haar zijde streden. Ze stelde haar leven veilig, zowel tegenover hen, die aanvankelijk haar vijanden waren als tegenover hen, die zij door haar verraad zich tot vijanden maakte. Wij weten niet welk lot thans haar deel is. Maar de Schrift zegt: 'Zo wie zijn leven zal willen behouden, die zal het verliezen, maar die het zal willen verliezen om Mijnentwil, die zal het behouden.'[76]

Toch is Miep hooguit indirect verantwoordelijk voor de arrestatie van 'tante Riek'. Het is de arrestatie van Evert Boven en de vondst van de valse papieren die hij op zak heeft, die de Duitsers op het spoor zetten van Kuipers-Rietberg en haar man. Piet Kuipers verklaart na de oorlog dat Boven al vaker was gewaarschuwd geen belastend materiaal bij zich te dragen, omdat dat te gevaarlijk was.

> Het is fout van Nico geweest. We hadden al eens eerder gezegd, stop niet altijd die dingen in je zak, maar hij vond het gemakkelijk, want dan kon hij het weggooien, zodra het nodig was.[77]

En dan is er nog een theorie die Miep helemaal vrijpleit van betrokkenheid bij het oppakken van 'tante Riek'. Hierbij wordt ervan uitgegaan dat niet de gearresteerde 'koerier' Chris Boven de Duitsers naar zijn broer Evert leidt, maar dat hij in beeld komt dankzij een geraffineerde actie van de SD in Arnhem. *Untersturmbannführer* Friedrich August Enkelstroth en zijn compagnon, de Hollandse SD'er Marinus (Ries) Janssen, zouden 'Nico' op het spoor zijn gekomen nadat twee agenten uit Nijmegen zich bij de Arnhemse illegaliteit voor illegale werkers hadden uitgegeven.[78]

De arrestatie van de koerierster voor het Zuiden uit Eindhoven aan de Utrechtse Oudegracht blijft zonder gevolgen. Hoe de Duitsers Gerrit van Vliet ('Maas') van de LO Den Haag en Johannes H.A. Ruiten van het district Rotterdam op het spoor komen – rechtstreeks door Miep of door informatie van een gearresteerde koerierster – is onduidelijk. Beiden worden op 9 augustus opgepakt als onderdeel van de arrestatiegolf die de LO verspreid over het land hard treft.[79]

Op zijn schuiladres in Eemnes worstelt Teus van Vliet na de inval in Hilversum met de vraag wie hem heeft verraden.

Slechts een klein aantal mensen is op de hoogte van zijn onderduikadres aan de Peerlkamplaan. Samen met een tweede LO-kopstuk, Henk van Raalte, komt hij uit op twee mogelijke verraders: de in 1933 gevluchte Duitser Albert Schlösser die in Laren en omgeving actief is binnen de LO, of Miep Oranje. Als de berichten binnensijpelen over de invallen in Delft, Amsterdam en Utrecht is voor Van Vliet en Van Raalte maar één conclusie mogelijk: Miep heeft de organisatie verraden aan de Duitsers. Zij is de enige van de twee overgebleven verdachten die de contactadressen van de verzetsorganisatie kent waar de Duitsers hebben toegeslagen.[80]

Dat Miep zou worden ontmaskerd als verraadster is zowel voor haar als voor Oelschlägel op voorhand duidelijk. Nog voordat de Duitsers tot actie overgaan tegen Van Vliet en de LO komen de twee overeen dat Miep als 'verpleegster' naar Duitsland zou vertrekken. Als ze in Nederland blijft, loopt ze het gevaar dat het verzet wraak op haar neemt. Op voorspraak van Oelschlägel stemt SD-chef Lages in met het vertrek van zijn V-Frau.[81] Als op 5 september 1944 het gerucht gaat dat de bevrijding van Nederland aanstaande is (Dolle Dinsdag), raadt Oelschlägel zijn minnares en V-Frau Irma Seelig ook aan naar Duitsland te vertrekken. Hij regelt onderdak voor haar bij zijn ouders in Leipzig. Seelig raakt algauw in de problemen. Ze wordt op 13 oktober door de Gestapo in Leipzig opgepakt omdat ze Joods is en haar papieren niet in orde zijn.[82]

Miep zou niet de eerste V-Frau zijn die haar werk voor de Duitsers met de dood moet bekopen, weten Lages en Oelschlägel. Een paar maanden eerder heeft het Zaanse verzet afgerekend met Franci de Munck-Siffels. Franci werkt als koerierster voor het verzet en verbergt een Joods jongetje in haar huis in Zaandam. Als ze ontdekt dat haar man een relatie heeft met haar zus, meldt ze zich bij de Sicherheitsdienst aan de Euterpestraat in Amsterdam. Ze verklaart dat haar man betrokken is bij het communistische verzet en verraadt zijn onderduikadres. De 23-jarige Franci raakt vervolgens verstrikt in het web van de SD en ontpopt zich tot een gevaarlijke infiltrante. Ruim honderd verzetsmensen en Joden worden door haar toedoen opgepakt. Tientallen van hen overleven de oorlog niet.[83]

Dat de vrees voor een aanslag op Miep reëel is, blijkt uit een naoorlogse verklaring van Kees Brouwer. Als Brouwer een tip krijgt dat Miep in Den Haag is gezien, gaat hij daar met een revolver in zijn zak naartoe. 'Ik kon het niet verkroppen. Je vrienden verraadden in oorlogstijd, was onvergefelijk. Wat ik had gedaan als ik haar had ontmoet, weet ik niet.' Na een week tevergeefs zoeken geeft Brouwer het op.[84]

De bereidheid van Lages om Miep te helpen bij een veilige aftocht naar Duitsland bewijst hoe waardevol ze voor de SD is geweest. Aanvankelijk ziet het er niet naar uit dat ze de bezetter een groot aantal illegale werkers in handen zou spelen, maar gaandeweg verandert haar rol. In de klauwen van de Duitsers wordt ze van een passieve informante een actieve verraadster. Maar de arrestaties die volgen op haar arrestatie bij Lage Vuursche zijn niet alleen het gevolg van de informatie die Miep tijdens haar verhoren geeft. Dick van der Meer is onverstandig geweest en heeft een groot risico genomen door een papieren archief van zijn verzetswerk bij Het

Duikje aan te leggen. Zijn archief bevat een schat aan informatie voor de Duitsers.

Dat Miep het verzameladres van de Soester knokploeg verraadt, lijkt wel zeker te zijn. Waarom de leden van de KP Soest het huis van 'Mama Beekman' blijven aanhouden na Mieps arrestatie, is onduidelijk. Mogelijk hebben ze het adres aan de Van Lenneplaan enige tijd gemeden en ging het weer dienstdoen als plek van samenkomst toen een Duitse inval uitbleef. Of Miep verantwoordelijk is voor de arrestatie van vader en zoon Quelle, de verloofde van Miep Quelle en onderduiker Telder, is niet met zekerheid te zeggen. Sterke aanwijzingen zijn er wel voor.

De toevallige ontmoeting met jeugdvriend Brouwer begin juli 1944 is het moment waarop Mieps rol als verraadster verandert. Ze beperkt zich niet langer tot het aan de Duitsers vertellen wat ze weet uit haar tijd als koerierster voor het verzet in Baarn en Soest, maar gaat actief op zoek naar nieuwe informatie. In plaats van Brouwer voorbij te lopen of na een korte ontmoeting weer afscheid van hem te nemen, vraagt ze hem haar te helpen. Zodoende weet ze de LO binnen te dringen, een tot dan toe onbekende illegale organisatie voor haar. De arrestatie van haar vader een paar maanden eerder kan niet anders dan een grote rol hebben gespeeld bij de escalatie van haar verraderswerk. Onder de druk die Oelschlägel hiermee op haar legt, bezwijkt Miep.

De gevolgen van Mieps verraad van de LO zijn – direct en indirect – groot. Toch had ze volgens Teus van Vliet nog veel meer schade kunnen aanrichten aan de organisatie. 'Ze had veel meer adressen kunnen verraden. Ze wist in Rotterdam veel adressen, dat heeft ze niet gedaan. Heel eigenaardig.' Het is gissen waarom ze de Rotterdamse adressen voor zich houdt. Mogelijk speelt hierbij een rol dat Kees Brouwer in de stad actief is en zij hem wil beschermen. Sachbearbeiter Oelschlägel kan niet anders dan zeer tevreden zijn over wat ze hem in acht maanden tijd aan informatie heeft geleverd, gezien zijn verzoek aan Lages Miep een veilig heenkomen te bieden.[85]

Kort voor of na de poging Van Vliet bij de Vondelkerk in Amsterdam te arresteren, heeft Miep in Utrecht een afspraak met haar vader. Wat de twee op 8 augustus bespreken, is niet bekend. Later is gesuggereerd dat Miep om de sieraden van haar overleden moeder heeft gevraagd, die haar vader vervolgens een dag later bij een vriendin van haar in Utrecht zou hebben afgegeven. Bewijs voor het verzoek of voor de overdracht van de kostbaarheden is er niet. Afgaande op de summiere informatie die Cees Oranje na de oorlog over de ontmoeting heeft losgelaten, vertelt zijn dochter hem niet over haar aanstaande vertrek naar Duitsland.[86]

4

Verdwenen in het niets

Twee dagen na de Duitse capitulatie in Nederland rijden de Canadese bevrijders op maandag 7 mei van twee kanten Soest binnen. Het zijn soldaten van het Prince Edward and Hastings Regiment en het 48th Highlanders Regiment.[1] Een oudere Soestse, die de Canadezen voor Engelsen houdt, noteert in haar dagboek:

> De bevrijders trokken door ons dorp naar Amersfoort, waar nog geschoten werd door de ss-troepen. De Tommy's zwaaiden met hun baretten en wierpen chocolade en sigaretten naar ons toe. Er waren Soesters die schreeuwden van blijdschap. Vervolgens kwam een nog groter leger vanaf de Biltseweg. Deze soldaten moesten via Baarn naar Amsterdam. In Soestdijk stopten ze om te eten. Heel ons dorp holde naar hotel Trier om hen te zien. De colonne was zo lang, dat je niet het begin of het einde kon zien.[2]

Het zingen en hossen gaat de hele dag door. Op de hoger gelegen Soester Eng wordt 's avonds een vreugdevuur ontstoken. De brandstapel op de glooiing bestaat uit overbodig geworden verduisteringspapieren. Bovenop ligt een houten waarschuwingsbord van de Duitse bezetter, ACHTUNG MAUER. De feestvierders dragen twee Canadese piloten die zeven maanden ondergedoken hebben gezeten in het dorp, onder luid gejuich op de schouders rond het vuur.[3] Het feestgedruis houdt dagen aan. Onder de bevrijders is een aantal Nederlanders in een Canadees uniform, onder wie Egbert Raatjes. Na de bevrijding van de Achterhoek eind maart en begin april heeft Raatjes zich met ongeveer vierhonderd andere onderduikers en leden van het verzet gemeld om met de Canadezen mee te vechten. De vrijwilligers – gekleed in veelal veel te ruime blauwe overalls – vormen het Dutch National Battalion dat onderdeel uitmaakt van het 1e Canadese Legerkorps. Aan het eind van de oorlog worden de manschappen van het Nederlandse bataljon verdeeld over verschillende Britse en Canadese legeronderdelen. Raatjes komt met een aantal andere onderduikers bij het 48th Highlanders Regiment terecht. Hij wordt ingezet bij een bewakingspost langs de *check-line*, die van Spakenburg naar Dodewaard loopt. Burgers die van oost naar west en omgekeerd over deze lijn reizen, worden gecontroleerd. Duitse soldaten die op eigen houtje richting het vaderland proberen te ontkomen, worden aangehouden en aan een onderzoek onderworpen. De uitgelaten Soesters betrekken de landgenoten die de blauwe overalls hebben verruild voor Canadese uniformen, volop bij de feestelijkheden die zich veelal rond de muziektent voor het raadhuis afspelen. Voor Raatjes is er geen ontkomen aan:

Ik was één van de eersten die ze te pakken hadden. Ik ben op een nette manier leeggeroofd van wat ik aan rokerij bij me had. Het was een uitzinnige vreugde. Ik weet nog dat ik niet van een meisje af kon komen. Toen ze me even los liet, ben ik er vandoor gegaan. Ik ging gauw naar een andere groep meisjes. Daar heb ik het meisje ontmoet dat later mijn vrouw is geworden.[4]

Miep Quelle stort zich ook in het feestgedruis, al is de onzekerheid over het lot van haar broer Arend groot. Hij is in september 1944, nadat hij ruim een jaar in Kamp Amersfoort gevangen heeft gezeten, op transport gesteld naar een concentratiekamp in Duitsland. Mieps moeder zit elk vrij moment bij het raam te kijken of haar zoon eraan komt.[5] Vier maanden na de bevrijding krijgt de familie eindelijk duidelijkheid over zijn lot. Arend is in januari 1945 overleden in Neuengamme, ongeveer 20 kilometer ten zuidoosten van Hamburg. Volgens de rouwadvertentie die de familie in de lokale krant plaatst, sterft hij op 10 januari, de dag van zijn twintigste verjaardag. 'Onze droefheid wordt verzacht door de wetenschap, dat hij gevallen is voor het vaderland en dat zijn vaste geloofsovertuiging hem moedig zijn lijden heeft doen dragen.'[6] Mieps vader en haar verloofde Jenne, die samen met haar broer werden opgepakt, zijn nog tijdens de oorlog vrijgelaten uit Kamp Amersfoort. Miep beleeft in de periode na de bevrijding alsnog haar jeugd, die haar door haar nierkwaal en de oorlog is afgenomen.

Ik was nooit jong geweest, heb mijn verloving met Jenne uitgemaakt en ben uit mijn dak gegaan. Feestjes, dansen, gek doen, de wereld ontdekken... In 1946 heb ik de draad met Jenne weer opgepakt. Het jaar erop zijn we getrouwd.[7]

Arend Quelle, de broer van Mieps vriendin Miep Quelle, wordt in de nacht van 3 op 4 juni door de Duitsers opgepakt. Hij sterft in het concentratiekamp Neuengamme. Historisch Documentatiecentrum voor het Nederlands Protestantisme

In de roes van de bevrijding worden de eerste 'foute' mannen en vrouwen opgepakt in Soest. Ze hebben zich schuldig gemaakt aan collaboratie, verraad of anderszins ingelaten met de Duitse bezetter. Leden van de lokale Binnenlandse Strijdkrachten (BS), een bundeling van het voormalig verzet, nemen het voortouw bij het oppakken van de verraders en collaborateurs. Met name de woede tegen vrouwen die een relatie hebben aangeknoopt met een Duitse soldaat, is groot. Zij worden kaalgeknipt en met oranje verf besmeurd. De arrestanten van de BS worden – niet zelden begeleid door een joelende menigte – overgebracht naar het herstellingsoord voor kinderen Trein 8.28, dat tijdelijk dienstdoet als gevangenis. Een Soester denkt jaren later met afgrijzen terug aan zijn op wraak beluste dorpsgenoten.

> Zo onwaardig dat mannen die in de oorlog niets durfden, na de bevrijding de beest uithingen. Ze vergrepen zich aan de meisjes die zich mogelijk met de Duitsers hadden ingelaten en beschadigden hen voor het leven.[8]

De stemming jegens de opgepakte vertegenwoordiger van een schoenenfabriek Charles Lommen is ronduit vijandig. De NSB'er wordt ervan verdacht de Duitsers te hebben geholpen met het opstellen van de lijst met namen van gijzelaars die in januari 1944 zijn opgepakt rond de Silbertanne Aktion in Soest. Als Lommen door het dorp wordt gevoerd, mag iedereen zijn woede op hem koelen. Een bejaarde vrouw slaat hem tijdens de optocht herhaaldelijk in het gezicht. Het is de weduwe van smid Klaas Brons, een van de dodelijke slachtoffers van de Duitse wraakactie.[9]

Het is niet moeilijk voor te stellen dat Cees Oranje zich rond de bevrijding van Soest grote zorgen maakt om zijn dochter. Sinds zijn ontmoeting met Miep op 8 augustus 1944 in Utrecht, heeft hij niets meer van haar vernomen. Een kaart of brief heeft ze in de maanden die sindsdien zijn verstreken, niet gestuurd. Hij kan niet anders dan afwachten en hopen dat zij zich spoedig aan de Braamweg meldt. Oranjes ongerustheid neemt ongetwijfeld toe als in Soest een begin wordt gemaakt met het oppakken van landverraders en collaborateurs. Hij moet op zijn minst geruchten hebben gehoord over de rol van zijn dochter in de oorlog. Moet hij ook vrezen dat zij kaalgeschoren en met oranje verf besmeurd door het dorp wordt gevoerd?

Miep zou in elk geval worden gearresteerd, zodra ze haar gezicht in Soest liet zien. Op het bureau van de Politieke Opsporingsdienst (POD) in Utrecht liggen meerdere aangiften tegen haar. De POD is een zelfstandig politieorgaan dat onderzoek doet naar 'foute elementen' in de Nederlandse samenleving gedurende de Duitse bezetting. De leiding van de POD Utrecht belast rechercheur Johan van Vulpen met het onderzoek naar Miep Oranje. De 30-jarige Van Vulpen, die in Lage Vuursche woont, heeft geen enkele politie-ervaring. Hij heeft de landbouwschool doorlopen en enige tijd als contractarbeider voor Staatsbosbeheer in boswachterij De Vuursche houtblokjes gezaagd voor gasgeneratoren. Als hij in september 1941 wordt ontslagen wegens fraude – de ploeg waar Van Vulpen deel van uitmaakt geeft na een dag zagen meer kubieke meters hout op dan ze daadwerkelijk heeft gezaagd – gaat hij in Soest aan de slag als assistent van de plaatselijke bureauhouder van de Provinciale Voedselcommissaris voor Utrecht.

Van Vulpen dankt zijn baan bij de POD aan zijn verzetswerk. Aanvankelijk is het de bedoeling het onderzoek naar foute Nederlanders en Duitse oorlogsmisdadigers door de gewone politie uit te laten voeren. Maar omdat de zuivering van het politieapparaat nog niet is afgerond, doet het Militair Gezag, dat het machtsvacuüm direct na de bevrijding opvult, mede een beroep op betrouwbaar geachte Nederlanders voor het opsporingswerk. Gezuiverde agenten en voormalige verzetslieden gaan samen op in de Politieke Opsporingsdienst.

Van Vulpen heeft tijdens de oorlog in Baarn en omgeving spionagewerk gedaan voor de Raad van Verzet. Hij moet RVV-commandant Dick van der Meer, voor wie Miep tot haar arrestatie werkte, hebben gekend. Uit niets blijkt dat hij in zijn verzetswerk ook Miep heeft ontmoet. Hij zamelt geld in voor het verzet en staat in contact met de drogist Gerard Reeskamp uit Bussum, die actief deelneemt aan het gewapende verzet in Friesland. In zijn woning in Lage Vuursche laat Van Vulpen meerdere gedeserteerde Duitse soldaten onderduiken. De wapens van de deserteurs worden gebruikt door het verzet.[10]

De POD-rechercheur begint zijn onderzoek naar Miep eind augustus 1945 met het verhoren van de Duitsers waarvoor ze heeft gewerkt. De gevangengenomen SD-chef Lages, die tot twee keer toe wordt verhoord, benadrukt dat de jonge vrouw 'vrijwillig' voor zijn dienst is gaan werken. Lages prijst het werk van de V-Frau, die hij één keer heeft gezien toen Oelschlägel met haar in zijn werkkamer aan de Euterpestraat kwam. Hij herkent haar van de foto die Van Vulpen hem laat zien. Lages heeft nooit meer iets van Miep gehoord, nadat hij haar op voorspraak van Oelschlägel als verpleegster naar Duitsland heeft laten gaan. Hij heeft geen idee waar ze ruim drie maanden na de bevrijding is.[11]

Mieps Sachbearbeiter Oelschlägel kan niet worden gehoord. Hij is op 23 oktober 1944 na een mislukte poging hem te ontvoeren, op de hoek van de Apollolaan en de Beethovenstraat in Amsterdam-Zuid door het verzet geliquideerd. Als represaille worden de volgende dag 29 gevangenen uit het Huis van Bewaring I aan de Weteringschans gehaald en zonder vorm van proces door de Duitsers gefusilleerd.[12] SD'er Ernst Wehner, die Miep mede heeft verhoord na haar arrestatie in de bossen bij Lage Vuursche, is in maart 1945 bij een vuurgevecht met een aantal verzetsstrijders om het leven gekomen.[13] Van Vulpen ondervraagt wel Oelschlägels opgepakte collega's Friedrich Christian Viebahn en Emil Rühl. Beiden geven enige informatie over haar arrestatie en haar rol bij het in de val laten lopen van Teus van Vliet, 'Hugo'. Net als Lages prijzen Viebahn en Rühl haar inzet. En ook zij hebben sinds Mieps vertrek naar Duitsland niets meer van haar gehoord. De Amsterdamse politieagent en medewerker van de Sipo/SD Walter Cornelis Mollis weet alleen te vertellen dat Miep voor de Duitsers heeft gewerkt.[14] Aanvullend bewijs voor haar vlucht naar Duitsland vindt Van Vulpen in drie Duitse documenten, een systeemkaart *(Karteikarte)* met haar gegevens en twee salarisstaten *(Zahlbogen)*. Bij de datum van tewerkstelling bij het *Deutsches Rotes Kreuz* staat 7 september 1944 vermeld. Als haar adres in Nederland is Euterpestraat 99 in Amsterdam opgegeven, het hoofdkantoor van de Sipo/SD.[15]

Na de verhoren van de drie Duitsers en de Nederlandse agent Mollis sleept het onderzoek van Van Vulpen zich voort. Zijn grootste probleem is dat de verdachte spoorloos is. Een kattenbelletje uit het laatste oorlogsjaar dat Miep Oranje op 20 februari in Amsterdam is gezien, is weinig betrouwbaar en helpt de rechercheur niet verder. Ten behoeve van haar opsporing stelt Van Vulpen een signalement op:

> Lengte 1.75 m., forse bouw, schouders horizontaal, korte hals, donkerbruin of zwart haar, gezicht gevuld, gering uitstekende jukbeenderen, voorhoofd normaal, ogen blauw, donkere wenkbrauwen, smalle neus, neusrug bochtig, neuspunt half 6, mond half open, lippen middelmatig dik, normale kin, tanden gaaf, beschaafde Nederlandse spraak, draagt bij lezen en schrijven een bril, beheerst de Duitse taal in woord en geschrift, normale stem, geen zichtbare bijzondere kenteken.[16]

Foto van Miep Oranje die vermoedelijk is gemaakt in 1941 of 1942. Het is het enige beeld van haar in het strafdossier dat na de oorlog tegen haar is aangelegd. Historisch Documentatiecentrum voor het Nederlands Protestantisme

Van Vulpen komt niet dichter bij zijn verdachte. Hij hoort af en toen nog wel een getuige over het verraad door Miep, maar het duurt tot eind december 1948 totdat hij het 'Proces-verbaal van verhoor van 27 getuigen contra Maria Oranje' opmaakt en ondertekent. Het verbaal kan niet langer uitstel dulden omdat de opheffing van de Politieke Recherche Afdeling (PRA), die in maart 1946 in de plaats van de POD is gekomen, aanstaande is. Het opsporingswerk wordt exclusief een zaak van de politie. De verdenking tegen de verdachte Oranje is tweeledig, zet Van Vulpen in zijn afrondende proces-verbaal uiteen. Ze wordt ervan verdacht artikel 101 van het Wetboek van Strafrecht te hebben overtreden. Volgens dit wetsartikel is het strafbaar om ten tijde van oorlog in vreemde krijgsdienst te treden, het Duitse Rode Kruis maakte onderdeel uit van het Duitse leger. Daarnaast heeft ze zich schuldig gemaakt aan verraad, zoals omschreven in artikel 26 van het Besluit Buitengewoon Strafrecht dat de basis vormt voor de berechting van personen die ervan worden verdacht tijdens de oorlog 'fout' te zijn geweest. Volgens het 'verraadartikel' is degene strafbaar die een ander heeft blootgesteld aan opsporing, vervolging, aanhouding en vrijheidsbeneming door de Duitse vijand of diens handlangers.[17]

De rechercheur is niet tevreden over zijn onderzoek. Zijn werk is niet af. Op de laatste pagina van het verbaal somt hij een aantal namen op van personen die hij niet heeft kunnen horen, maar 'wier getuigenverklaringen van groot belang zijn'. Boven aan het lijstje staat verzetsleider Dick van der Meer. Waarom Van Vulpen hem niet heeft kunnen horen, maakt hij niet duidelijk. Hetzelfde geldt voor Emmy (Ries)

Poldervaart, die net als Miep als koerierster voor Van der Meer heeft gewerkt. Zij heeft volgens de rechercheur nogal wat te doen gehad met Miep, 'haar verklaringen kunnen derhalve van belang zijn'. Wat er tussen de twee is voorgevallen, laat hij onbenoemd.[18]

Het onderzoek van de POD-rechercheur bevat voldoende bewijs om Miep te vervolgen voor het in dienst treden bij een vreemde krijgsdienst. De verklaringen van Lages en twee salarisoverzichten van het Deutsches Rotes Kreuz laten hier geen misverstand over bestaan. Dat ze heeft samengewerkt met de Sipo/SD en tegen meerdere personen belastende verklaringen heeft afgelegd, onder meer tegen de mannen die terechtstaan in het raadhuis in Soest, staat ook vast. Haar verradersrol komt minder overtuigend naar voren in het proces-verbaal. De getuigen die Van Vulpen hoort, hebben 'van horen zeggen' dat Miep verraad heeft gepleegd of zijn overtuigd van haar aandeel in een arrestatie, maar kunnen dat niet bewijzen, of hebben helemaal geen weet van haar. Teus van Vliet is het meest stellig. Als Van Vulpen hem een met potlood geschreven lijst met namen en adressen laat zien, zegt 'Hugo' dat het allemaal 'contactadressen van de illegaliteit' zijn waar de Duitsers in de nacht van 8 op 9 augustus 1944 zijn binnengevallen. Hij twijfelt niet dat Miep de adressen heeft verraden, 'daar er bij al die aan de S.D. bekende adressen, één adres was, hetgeen alleen aan Miep bekend was, dat was n.l. nog niet eens een illegaal adres en ook daar kwam de S.D.'. Van Vulpen voegt hieraan toe dat de lijst met adressen nog nader moet worden onderzocht en dat meerdere personen die er op voorkomen, nog moeten worden gehoord.[19] Het onvolledige dossier van Maria (Miep) Oranje belandt na de opheffing van de Politieke Recherche Afdeling bij Justitie op de plank. Zolang de verdachte spoorloos is, is er geen reden om extra getuigen te horen.

De onzekerheid over het lot van Miep stelt haar vader niet alleen emotioneel op de proef. Haar afwezigheid leidt ook tot een aantal praktische problemen. Om te beginnen is er de verdeling van de erfenis van haar grootvader van moederskant. Michaël Joannes van der Vies overlijdt op 8 maart 1945. Zijn vrouw is zes jaar eerder gestorven.[20] Opa Van der Vies laat onder meer een woning in de Tomatenstraat in Den Haag na. Miep heeft recht op een vierde deel van de nalatenschap. Als de overige erfgenamen, onder wie haar oudere zus Henny, het huis willen verkopen, ontstaat de noodzaak een bewindvoerder aan te stellen die namens Miep zaken kan afhandelen. Cees Oranje doet hiertoe een beroep op zijn zwager Willem Nicolaas de Blaey, die is getrouwd met de zus van Mieps in 1930 overleden moeder. De Blaey, inmiddels hoofdaccountant bij de Rijksaccountantsdienst in Den Haag, wordt op 26 augustus 1945 door het Nederlandse Beheersinstituut (NBI) aangesteld als bewindvoerder. Het NBI is na de Tweede Wereldoorlog belast met het beheren van vermogens van landverraders, van Duitsers in Nederland, en van tijdens de oorlog verdwenen personen.[21]

Als bewindvoerder De Blaey kort na zijn aanstelling een advertentie plaatst om te achterhalen of iemand nog iets verschuldigd is aan 'mej. M. Oranje' of iets van haar te vorderen heeft, reageert boekhandel A.J. van der Ree uit Baarn. Miep heeft nog een rekening openstaan uit 1943 van 66,10 gulden.²² Een opvallende vordering is afkomstig van haar vader. Hij verzoekt zijn zwager een bedrag van 623,95 gulden aan hem uit te betalen als vergoeding voor de studiekosten van zijn dochter. De Blaey weet niet goed wat hij met het verzoek van zijn zwager aan moet en gaat te rade bij het Nederlandse Beheersinstituut. Het instituut wijst de vordering af met als motivatie dat ouders worden geacht voor het onderhoud en de opvoeding van hun kinderen te betalen. Oranje legt zich niet neer bij de afwijzing. In een brief wijst hij erop dat het alleen om de 'extra kosten' voor Mieps studie aan de universiteit gaat. Toen zijn dochter in 1942 ging studeren, heeft hij met haar de afspraak gemaakt dat haar studiekosten 'eventueel uit de te verwachten ruime inkomsten of vermogen zouden worden terugbetaald'. Oranje voegt hier aan toe dat hij de studiekosten als gepensioneerde met enige opoffering heeft opgebracht. Aan de met zijn dochter gemaakte afspraak is volgens hem niets vreemds. 'Ik heb gedaan wat in duizende families gedaan wordt (of werd?).' Ten tijde van zijn eigen opleiding als stuurman is hij met zijn ouders ook een dergelijke regeling overeengekomen. Het NBI zwicht voor Oranjes argumenten en adviseert De Blaey tot uitbetaling over te gaan.²³

De afwezigheid van Miep is niet alleen een obstakel bij de verdeling van de erfenis van haar grootvader. Haar vermissing is ook een belemmering als haar vader een grondtransactie met de gemeente Haarlem aan wil gaan. Als de familie Oranje in 1935 van de Kleverlaan naar de Braamweg in Soest verhuist, wordt de oude woning aangehouden. Tijdens de oorlog maken de Duitsers het huis met de grond gelijk om een vrij schootsveld te krijgen. Oranje heeft na de bevrijding herbouwplannen, maar dat stuit op bezwaren van de gemeente Haarlem, die de grond wil gebruiken voor de aanleg van een sportterrein. De gemeente wil de kavel daarom van hem kopen. Voordat de stukken kunnen worden getekend, moet er een oplossing worden gevonden voor een renteloze lening van 2500 gulden van Miep aan haar vader – een uitvloeisel van de erfenis van haar overleden moeder – met de (verwoeste) woning als onderpand.[24]

In september 1949, ruim vijf jaar nadat hij haar voor het laatst heeft gezien, gelooft Cees Oranje er niet meer in dat zijn dochter nog in leven is. Verschillende pogingen om te weten te komen wat er met Miep is gebeurd na 8 augustus 1944, zijn op niets uitgelopen. Het ontbreken van elk spoor van haar en de juridische complicaties die haar afwezigheid met zich meebrengen, zetten Oranje aan tot een volgende stap. In overleg met bewindvoerder De Blaey en het Nederlandse Beheersinstituut besluit hij dat het tijd is om aangifte te doen van Mieps overlijden.[25]

Na de oorlog zijn er tienduizenden Nederlanders waarvan niet officieel vaststaat dat zij zijn overleden. Het merendeel van hen bestaat uit naar Duitse concentratiekampen afgevoerde Joden. Om de juridische complicaties waartoe dit leidt op te lossen, wordt in juni 1949 de Wet houdende voorzieningen betreffende het opmaken van akten van overlijden van vermisten van kracht. Deze wet bepaalt dat de minister van Justitie bij de burgerlijke stand een akte van overlijden kan laten opmaken. Een aanvraag hiertoe moet worden ingediend bij de Commissie tot het doen van aangifte van overlijden van vermiste personen. Deze doet vervolgens onderzoek naar de vermiste om de kans te minimaliseren dat deze later alsnog opduikt, met alle complicaties van dien.[26]

Bewindvoerder De Blaey richt zich op 6 september 1949 tot de commissie. Alle pogingen om te weten te komen wat er met Miep is gebeurd sinds haar vader haar voor het laatst zag, hebben gefaald, motiveert hij de aangifte. 'In de afgelopen meer dan vijf jaar is nooit meer iets van haar vernomen.' De commissie neemt het verzoek in behandeling en vraagt de Nederlandse Missie tot opsporing van Vermiste Personen uit de Bezettingstijd onderzoek te doen naar de vermiste Maria (Miep) Oranje.[27]

Het kost rapporteur Hank J. Owel van de opsporingsinstantie om onduidelijke redenen enige moeite, maar op 23 november 1950 slaagt hij erin Mieps zus Henny bij haar thuis, 3-hoog in Amsterdam, te spreken te krijgen. Henny weet weinig over haar zusje en wat ze vertelt klopt niet. Ze denkt dat Miep destijds etymologie studeerde in Utrecht. Voor welke verzetsgroep ze als koerierster werkte, is haar niet bekend. 'Naar ik meen is zij in 1943 gearresteerd, en heeft zij gevangengezeten in de gevangenis aan de Amstelveenseweg.' Volgens Henny is Miep ontsnapt nadat ze is opgenomen in het Wilhelmina Gasthuis. Daarna is ze opnieuw opgepakt. De laatste keer dat Henny haar zus zag, was voor Mieps eerste arrestatie. Ze verwijst Owel door naar haar vader en haar oom De Blaey als hij meer wil weten. Owel noteert onder Henny's verklaring dat vader Oranje voorlopig niet te spreken is. Die bevindt zich tot januari 1951 in Groot-Brittannië.

Op zoek naar aanknopingspunten voor haar verdwijning neemt Owel het strafdossier van Miep door, het werk van rechercheur Van Vulpen dat bij het Openbaar Ministerie in Amsterdam op de plank ligt. Uit het 'onvolledige onderzoek' komen geen aanwijzingen naar voren omtrent het verdere lot van de vermiste, rapporteert hij.[28]

Het is nu aan de Commissie tot het doen van aangifte van overlijden van vermiste personen een beslissing te nemen over de aangifte van De Blaey. De commissie schuift een besluit voor zich uit. In juli 1952 krijgt niet de bewindvoerder, maar Cees Oranje te horen dat na onderzoek geen goede gronden aanwezig zijn om over te gaan tot een aangifte van overlijden van zijn dochter. Een nadere uitleg krijgt hij niet.[29] Het duurt tot september 1954 alvorens Oranje zich opnieuw tot de commissie wendt. De erfeniskwestie rond Mieps grootvader van moederskant – het huis aan de Tomatenstraat in Den Haag – speelt nog altijd. Oranje vraagt welke stappen hij en zijn dochter Henny ruim tien jaar na Mieps vermissing moeten ondernemen om haar vermoedelijke overlijdensdatum vast te stellen. Twee weken later krijgt hij opnieuw als antwoord dat er geen goede gronden zijn om hiertoe over te gaan.[30]

De gepensioneerde Cees Oranje leidt na de oorlog allerminst een teruggetrokken leven. Hij bekleedt een aantal adviseurschappen rond de kustvaart en vaart nog een enkele keer in opdracht als kapitein op een jacht. In 1959, als hij zeventig jaar wordt, stopt hij met varen, afgezien van de jaarlijkse reis die hij met zijn tweede vrouw Marie op de Middellandse Zee maakt. Hij staat erop dat in zijn paspoort het beroep 'Gezagvoerder' blijft staan. 'Zonder beroep is er nog niet bij,' schrijft hij aan een oude kennis.[31] Over zijn dochter spreekt Oranje niet met andere familieleden, hoewel hij wel een foto van haar aan de wand heeft hangen. Een nicht zegt hierover:

> Wij woonden tijdens de oorlog in Amsterdam en gingen wel eens op de fiets naar mijn oom in Soest. Daar hebben we Miep toen ook ontmoet. Na de oorlog kwamen we er nog wel, maar er werd in de familiekring met geen woord meer over haar gerept.

Een familielid van Mieps stiefmoeder herinnert zich dat Cees Oranje vooral tijdens de feestdagen zeer treurig en in zichzelf gekeerd was. Volgens een neef van Miep heeft zijn zwijgzaamheid alles te maken met de verradersrol van zijn dochter.[32]

In 1952 verhuizen Cees Oranje en zijn vrouw Marie van de Braamweg in Soest naar een ruime hoekwoning aan de Soesterbergsestraat. De woning maakt deel uit van een rijtje van drie, die in de volksmond 'de witte huizen' worden genoemd. Met een voor-, achter- en zijtuin heeft Oranje alle ruimte voor zijn hobby, tuinieren. Hij maakt werk van zijn planten en bloemen en doet meerdere keren mee aan de voortuinkeuring van de Tuinbouwvereniging Soest. Het levert hem in 1956 een tweede prijs op. In zijn vrije tijd legt Oranje zich ook toe op het zingen van shanty's, de ritmische arbeidsliederen die hij als stuurmansleerling aan boord van het Engelse zeilschip Beeswing heeft geleerd.[33]

In de eerste jaren na de oorlog is Oranje medeorganisator van activiteiten rond Koninginnedag in het dorp. Hij treedt ook toe tot het bestuur van het lokale Rode Kruis. Als penningmeester is hij onder meer belast met de jaarlijkse inzamelingsactie van de hulporganisatie in Soest. Als hij in 1960 na tien jaar afscheid neemt, kent het landelijke hoofdbestuur hem het Kruis van verdienste toe. Oranje moet het vanwege zijn gezondheid wat kalmer aan gaan doen.[34] Hij lijkt niet meer betrokken bij de gereformeerde kerk aan de Driehoeksweg waar hij voor de oorlog actief voor is geweest.

Zijn verleden op de wereldzeeën laat hem niet los. In 1959 meldt hij zich aan als lid van de net opgerichte Vereniging van Nederlandse Kaap Hoorn-vaarders. Hij mag toetreden tot dit exclusieve mannengezelschap omdat hij tweemaal om het zuidelijkste puntje van Zuid-Amerika voer.[35] De leden van de vereniging voelen zich met elkaar verbonden doordat zij de ronding van Kaap Hoorn, die niet zonder gevaar was door de hoge windsnelheden, sterke zeestromingen en golven tot twintig meter hoog, hebben overleefd. Dat de vereniging in Hoorn zetelt, is geen toeval. De ontdekkers van de kaap in 1616, Jacob le Maire en Willem Cornelisz. Schouten, hadden het stadje als thuishaven.[36] De bijeenkomsten van de Kaap Hoorn-vaarders bieden Oranje afleiding, maar het slepende proces rond zijn vermiste dochter blijft hem voortdurend bezighouden.

Niet gerust op de medewerking van de Commissie tot het doen van aangifte van overlijden van vermiste personen wendt Oranje zich begin september 1954 tot het Rode Kruis.

Zijn actieve rol binnen de lokale afdeling vergemakkelijkt het contact met het hoofdkantoor in Den Haag. Het Rode Kruis schakelt op zijn beurt een aantal Duitse instanties en organisaties in, waaronder het Deutsches Rotes Kreuz, om naspeuring naar zijn dochter te doen. Het heeft allemaal tot niets geleid, laat directeur J. van de Vosse van het Rode Kruis hem drie maanden later weten. Van de Vosse schrijft wel dat er een paar jaar geleden een melding is binnengekomen van 'zekere v.d. Bongaard' uit Apeldoorn. Die heeft in 1945 in een krijgsgevangenkamp in Frankfurt am Main over zijn dochter horen spreken. Navraag bij Duitse en Amerikaanse instanties heeft verder niets opgeleverd, schrijft de directeur van het Rode Kruis. Zijn conclusie is teleurstellend voor Oranje:

> Helaas valt er nu niet veel meer aan te doen dan afwachten of nog eens iets van of over Uw dochter zal worden vernomen. Actief zoeken is practisch uitgesloten.[37]

Cees Oranje is er de man niet naar om af te wachten. Om te beginnen neemt hij een advocaat in de arm om te achterhalen waarom niet tot een aangifte van overlijden kan worden overgegaan. Duidelijkheid hierover heeft hij nog altijd niet. De familie staat in deze voor een raadsel, schrijft mr. H.J. Swagerman in augustus 1956 aan de Commissie tot het doen van aangifte van overlijden van vermiste personen, 'omdat zij niet kunnen bevroeden waaraan het afwezig zijn van goede gronden moet worden geweten'.

Indien betrokkene nog in leven zou zijn, zou het toch stellig haar familie de eerste zijn geweest die van het nog in leven zijn door haar op de hoogte zou zijn gesteld, maar tot nu toe ontbreekt elk spoor.[38]

Twee maanden later geeft de commissie eindelijk opheldering over de reden van haar herhaaldelijke weigering. Blijkens een getuigenverklaring verbleef Miep na de oorlog in een gevangenkamp in Babenhausen bij Frankfurt am Main. Als de advocaat aandringt de naam van de getuige bekend te maken, komt de commissie over de brug. De getuige is J.H. van de Bongaard uit Apeldoorn.[39] De verklaring van Van de Bongaard die eerder door het Rode Kruis is onderzocht en terzijde geschoven, geldt voor de commissie als bewijs dat Miep na 1 juni 1945 nog in leven was. En daarmee is de wet waarin het opmaken van akten van overlijden van vermisten is geregeld, niet op haar van toepassing. De teleurstelling bij Cees Oranje moet groot zijn geweest.

Alles wijst erop dat de commissie niet zelf kennis heeft genomen van de inhoud van de verklaring van Van de Bongaard. Zijn getuigenis over Miep is namelijk te summier om er de conclusie uit te trekken dat zij na de ineenstorting van nazi-Duitsland nog in leven was. De getuige heeft in een gevangenenkamp van de Amerikanen in Babenhausen een Nederlandse verpleegster over Miep horen praten. Zelf heeft hij geen woord met haar gewisseld. Volgens Van de Bongaard wilde Miep niet met de andere gevangenen terug naar Nederland 'om hun verdere straf daar te ondergaan'. 'Zij wenste bij de Amerikanen te blijven. Verder zou ik u niet kunnen vertellen omdat ik niet meer weet ervan omdat wij op transport naar Nederland zijn gegaan.'[40]

Tegen beter weten in doet Oranje samen met dochter Henny in januari 1958 dan maar een poging het Nederlandse Beheersinstituut Mieps dossier te laten sluiten.

> Daar M.O. nu al meer dan 13 jaar afwezig is en haar terugkomst als theoretisch moet worden beschouwd, achten wij de tijd gekomen om onzerzijds de gevoelsbarrière te doorbreken en te trachten een einde te maken aan de afwikkeling van deze zaak te komen.[41]

Het Nederlandse Beheersinstituut informeert op zijn beurt bij de Commissie tot het doen van aangifte van overlijden van vermiste personen. Die is onvermurwbaar. 'Uit geen enkel gegeven valt af te leiden dat betrokkene zou zijn overleden tussen haar laatste bericht van augustus 1944 en 1 juni 1945,' laat de commissie weten.[42] Het Nederlandse Beheersinstituut kan niet anders dan zich hierbij neerleggen. Oranje krijgt het advies van het instituut, dat het dossier ook graag wil sluiten, een procedure bij de rechtbank te beginnen teneinde een overlijdensdatum van Miep te laten vaststellen. Oranje reageert geërgerd. Dat het nog niet tot een gang naar de rechter is gekomen, heeft te maken met mogelijke financiële consequenties. Advocaat Swagerman heeft Oranje gewaarschuwd dat een 'procedure zeer langdurig en zeer kostbaar kan worden'. In januari 1961 besluit hij dit risico voor lief te nemen. Cees Oranje is er klaar mee. 'Wij zijn tot de conclusie gekomen dat nu, in het 16e jaar van M.'s onverklaarbare afwezigheid de tijd voor aanvraag rijp is,' schrijft hij aan het Beheersinstituut. Het instituut antwoordt op zijn beurt dat bewindvoerder De Blaey is gemachtigd de kosten 'voor zoveel nodig' uit het vermogen van Miep te betalen. Het is uiteindelijk ook haar oom die de procedure bij de rechtbank aanhangig maakt.[43]

Dat Miep op maandag 8 januari 1962 in het Paleis van Justitie in de Utrechtse Hamburgerstraat zou verschijnen, daar gaat niemand vanuit. Aan twee eerdere oproepen van de arrondissementsrechtbank heeft ze ook geen gehoor gegeven. Nu ze een derde keer niet verschijnt en ook niemand namens haar, is het aan de rechter om te oordelen of het al dan niet aannemelijk is dat ze is overleden. Het geduld van vader Oranje wordt nog één keer op proef gesteld. Een uitspraak volgt pas negen maanden later, op woensdag 3 oktober 1962. De conclusie van de rechtbank is onddubbelzinnig. De enkelvoudige kamer voor burgerlijke zaken acht het aannemelijk dat de gedaagde op 8 augustus 1944 naar Duitsland is uitgeweken en dat ze daar als gevolg van de vele oorlogshandelingen is overleden. Ruim achttien jaar nadat hij zijn dochter voor het laatst heeft gezien, is haar overlijden van rechtswege vastgesteld. Als sterfdatum van Miep houdt de rechter 9 augustus 1944 aan.[44]

Met de uitspraak komt een einde aan de bewindvoering van De Blaey en kan het vermogen van Miep worden verdeeld over haar vader en zuster. Om hoeveel geld het gaat, is niet exact duidelijk. Het laatste bewaard gebleven jaarverslag dat De Blaey heeft opgesteld, is van 1949. Daarin gaat hij uit van een vermogen van 10.271 gulden. De opbrengst van de verkoop van de woning van Mieps grootvader in de Haagse Tomatenstraat schat de bewindvoerder op 1875 gulden, een vierde deel van de koopsom. Als het huis in het najaar van 1961 eindelijk wordt verkocht ligt de verkoopprijs fors hoger en hebben Cees Oranje en Henny recht op 9625 gulden.[45] Oranje heeft met de uitspraak van de rechtbank zijn doel bereikt. Zijn dochter is officieel dood verklaard.

Als hij in 1960 op 70-jarige leeftijd afscheid neemt als penningmeester van het Rode Kruis, leidt Cees Oranje een teruggetrokken leven in Soest. In de lokale krant komt zijn naam als organisator van activiteiten of als deelnemer van de jaarlijkse tuinkeuring niet meer voor. Met zijn gezondheid – de reden waarom hij is gestopt als bestuurslid van het Rode Kruis – gaat het beter. Tot halverwege de jaren zestig bezoekt hij in elk geval bijeenkomsten van de Vereniging van Nederlandse Kaap Hoorn-vaarders. Hij levert enkele bijdragen aan het verenigingsorgaan over zijn zeereizen en over het ontstaan van een *sea shanty*. De samensteller van het blad is blij met zijn verhandeling over het zeemanslied, 'want het blijkt dat vele leden wel veel kunnen vertellen maar bitter weinig kunnen schrijven'.[46] Op de jaarvergaderingen van de vereniging laat Oranje zich niet onbetuigd. Als na afloop van het officiële gedeelte de weemoed wordt weggespoeld met de nodige borrels, zingt hij mee met de zeemansliederen en haalt hij herinneringen op uit de tijd dat hij rond Kaap Hoorn voer.[47]

Cees Oranje op een bijeenkomst van de Kaap Hoorn-
vaarders in 1962. NIOD

Als dagblad *Trouw* in de zomer van 1969 een groepsreis naar Indonesië organiseert, grijpt Oranje de kans aan meer van het land te zien dan alleen de havens die hij als stuurman van de Stoomvaart Maatschappij 'Nederland' aandeed. 'Altijd heb ik het verlangen gehad om te zien wat er achter die kustlijn voor een land verborgen lag. Toen ik voer, heb ik daar nooit de kans voor gekregen.' Het is een van de eerste Nederlandse groepsreizen naar de voormalige kolonie. Oranje neemt samen met zijn vrouw Marie deel aan de drie weken durende reis over Java en Bali. Hij is met tachtig jaar de oudste van het zeventien leden tellende reisgezelschap, dat met name bestaat uit 'heimwee reizigers'. Oranje geniet van de tijd in Indonesië. 'Het is een prachtig land.' Het laatste deel van de reis werpt hij zich op als plaatsvervangend reisleider.[48]

In 1970 krijgt Oranje thuis in Soest bezoek van Ate Doornbosch, radiomaker bij omroeporganisatie VARA en volkskundige bij het Meertens Instituut. Doornbosch neemt een aantal door Oranje gezongen shanty's op en laat hem een fragment voorlezen uit het dagboek dat hij heeft bijgehouden tijdens zijn reis met de Beeswing:

> Dit is in de Stille Oceaan op 30 april 1905. De laatste dagen hebben we prachtig weer. Gisterennacht hadden we stilte, maar tegen de ochtend kwam er weer een briesje met mooi zonnig weer. We hebben nu alle zeilen bij. De wind is west en we lopen een mijl of vijf. Op het kompas sturen we nu noordoost ten oosten. Gedurende de laatste week was het erg schaars met de aardappelen. Doch nu zijn ze helemaal op. We kregen er vroeger twee per dag. Doch nu ontvangen we in plaats daarvan tweemaal zoveel zout vlees. 's Avonds wordt nu tegenwoordig *cracker hash* gemaakt. Dit is een deeg gemaakt van geklopt beschuit met zout vlees en dat wordt dan even gebakken. Zo gauw het weer een paar dagen mooi is, heerst er direct een opgewekte stemming aan boord. We hebben de laatste dagen heel wat moeten trekken en halen bij het zetten van de zeilen. Doch alles ging gepaard met een *shanty*.[49]

In het voorjaar van 1972 wordt Oranje ernstig ziek. Hij kan tot zijn spijt niet naar een bijeenkomst komen van Kaap Hoorn-vaarders in Rotterdam en meldt zich af voor een internationaal congres in Kopenhagen. Desondanks wil hij bij de vereniging betrokken blijven. 'Gelukkig ben ik nu aan de beterende hand en heb goede hoop nog enige tijd te mogen meelopen', laat hij in een brief weten die hij ondertekent met 'C.L. Oranje shantyman'.[50] Oranjes herstel zet niet door. Op 11 juni 1976 overlijdt hij op 87-jarige leeftijd. Vier dagen later wordt Cees Oranje begraven op de Algemene Begraafplaats aan de Bergweg in Bloemendaal bij zijn eerste vrouw Maria van der Vies. Als zijn tweede vrouw Marie vier jaar later sterft, krijgt zij een laatste rustplaats in hetzelfde graf.[51]

Binnen de familie is stille hoop dat Miep – 53 jaar oud als ze nog in leven is – de begrafenis van haar vader zal bijwonen. Verschillende aanwezigen zien tijdens het afscheid – zo gaat nog altijd het verhaal binnen de familie Oranje – op afstand een Duitse auto. Dat veroorzaakt veel beroering.[52] Een neef die de begrafenis bijwoonde, is jaren later stellig. De hoop dat ze zou komen, was ijdel gebleken. Miep was niet op of in de buurt van de begraafplaats in Bloemendaal. Naar haar lot kan hij verder slechts gissen:

> Ze is gewoon in het niets verdwenen. Ik neem aan dat ze in elk geval niet in Nederland verblijft. Want dan zou ze plastische chirurgie moeten hebben ondergaan om niet herkend te worden.[53]

Mieps oudere zus Henny overlijdt in oktober 1995. Zij is na de oorlog gescheiden van haar man Theo Gillhaus. De laatste jaren van haar leven slijt ze in eenzaamheid in Vlissingen, de stad waar haar moeder is geboren. Als een journalist vijf jaar eerder bij haar aanbelt en informeert naar Miep, maakt ze een verwarde indruk. Aan haar herinneringen moet weinig geloof worden gehecht. Haar zus heeft ze in de zomer van 1943 voor het laatste gesproken bij een tramhuisje in Amsterdam, zegt Henny. 'Daarna heb ik nooit meer iets van haar vernomen.' De journalist is nog niet geheel overtuigd en vraagt of Miep nooit meer een brief naar haar zus in Vlissingen heeft geschreven. 'Nee, absoluut niet,' is haar resolute antwoord.[54] Het overlijden van Henny op 78-jarige leeftijd wordt door een neef van haar bekendgemaakt in een rouwadvertentie in dagblad *Trouw*. Hij neemt deze taak op zich 'daar de verblijfplaats van haar zuster Maria (†6-5-1923) niet bekend is'.[55]

Shanty's gezongen door Cees Oranje

5

'Miep gevonden'

Het staat er echt, en nog onderstreept ook: 'Miep gevonden'. Het is een zachte winterochtend. Voor mij op tafel in de lichte, ronde studiezaal van het oorlogsinstituut NIOD aan de Herengracht in Amsterdam ligt een ongeordende stapel documenten. Bovenop ligt een A4'tje met daar opgeplakt een blaadje uit een gepersonaliseerd notitieblokje. Boven aan het stukje papier staan de twee woorden die ik lange tijd voor onmogelijk heb gehouden. 'Miep gevonden'. Sinds augustus 1944 is Miep Oranje spoorloos, maar volgens dit notitieblaadje is het mysterie opgelost.

Op het lichtgele blaadje staan een naam en een adres in Kerkrade. Als ik verder door de stapel documenten blader, kom ik een verklaring tegen van 'Zijtveld, Kerkrade'. Mijn ogen schieten langs de handgeschreven tekst. Zijtveld verklaart dat hij Miep in de periode 1976-1978 in Duitsland heeft leren kennen. Beiden werkten toen in Düsseldorf. De verklaring is op 25 juli 2005 opgesteld door 'A. Elderenbosch'. Hij heeft de papieren die voor mij liggen in 2006 aan het

NIOD geschonken. Tijd om ze te ordenen en te beschrijven in een inventaris hebben de medewerkers van het oorlogsinstituut vijf jaar later nog niet gehad. Elderenbosch schrijft dat nader onderzoek in Duitsland heeft uitgewezen dat Miep Oranje is overleden. 'Voor mij is e.e.a. opgelost,' besluit hij. Ik ben stomverbaasd.[1]

Een paar weken voor mijn bezoek aan het oorlogsinstituut zat ik bij de tachtiger Elderenbosch thuis in Soest op de bank. Ik was als journalist van AD *Amersfoortse Courant* bij hem langsgegaan voor een artikel, omdat ik gehoord had dat hij met een particuliere onderzoeksgroep jarenlang had gezocht naar de spoorloos verdwenen verraadster Miep Oranje. Tijdens ons gesprek overhandigde hij mij een kopie van een negentien pagina's tellend rapport over de speurtocht van de groep met als conclusie dat Miep een maand voor de bevrijding in de buurt van het Gelderse Scherpenzeel was geliquideerd door het verzet. Maar nu lees ik in de papieren voor mij dat ze na de oorlog in Duitsland heeft geleefd. De verwarring is compleet die ochtend in januari in de studiezaal van het NIOD. Wat moet ik geloven? Is Miep doodgeschoten in april 1945 of heeft ze na de oorlog een leven in Duitsland opgebouwd en is ze daar een natuurlijke dood gestorven?

Eenmaal thuis bel ik Elderenbosch op. Hij legt uit dat Zijtveld zich enkele jaren nadat de onderzoeksgroep haar werk in augustus 2000 had afgerond, bij hem meldde. De Limburger was in een oud tijdschrift een oproep om informatie van de groep tegengekomen. Zijn verklaring was daarom niet opgenomen in het eindrapport over de speurtocht naar Miep

Oranje, legt Elderenbosch uit. Maar omdat de tip waardevol leek, had hij een van de andere leden van de onderzoeksgroep gevraagd ermee aan de slag te gaan. Zelf was hij om financiële redenen en vanwege zijn gezondheid, niet in staat geweest iets te ondernemen. Het lid van de groep dat het spoor naar Duitsland was gevolgd, was journalist Bert Pol die een paar keer over de zoektocht naar Miep Oranje had geschreven in verschillende regionale dagbladen. De tip van Zijtveld en de naspeuringen van Pol had Elderenbosch met al zijn andere materiaal over Miep, waaronder het origineel van het negentien pagina's tellende rapport, aan het NIOD geschonken.[2]

Ik besluit zelf contact te leggen met Zijtveld. Zijn adres staat tussen de aantekeningen van Elderenbosch. Een telefoonnummer is gauw gevonden. Hij blijkt geen Zijtveld maar Van Zeitveld te heten. Wat weet Henk van Zeitveld nog van zijn voormalige collega Miep Oranje? Volgens de 84-jarige Limburger werkte ze in de jaren zeventig van de vorige eeuw als poetsvrouw bij staalfabriek Böhler in Düsseldorf. Hij was destijds in dienst als chauffeur bij het bedrijf. Miep sprak hem aan omdat hij uit Nederland kwam. De twee konden goed met elkaar overweg en Van Zeitveld kwam bij haar thuis. Daar hing een foto aan de wand van haar overleden man, een voormalige Duitse officier van de ss. Miep vertelde hem dat ze in de oorlog mensen had verraden. 'Spijt had ze niet,' herinnert Van Zeitveld zich. 'Dat interesseerde haar niet.' Miep woonde dicht bij de fabriek, weet hij nog te vertellen. Het adres is hij vergeten. Of ze kinderen had, weet hij niet.[3]

Na het telefoongesprek probeer ik Van Zeitvelds informatie te controleren. Dat valt niet mee. De staalfabriek heeft geen gegevens over oud-medewerkers, meldt de personeelsafdeling. Navraag bij het stadsarchief in Düsseldorf biedt geen aanknopingspunten. Uit het digitale telefoonboek van Düsseldorf en omgeving bel ik iedereen met dezelfde achternaam als de ss-officier waarmee Miep zou zijn getrouwd. Zonder succes. Een telefoontje aan journalist en lid van de werkgroep Pol plaatsen het verhaal van Van Zeitveld en Elderenbosch' woorden 'Miep gevonden' in een ander daglicht. Pol had weliswaar geregeld over de zoektocht naar Miep Oranje geschreven, maar was geen lid geweest van de onderzoeksgroep, verzekert hij. De journalist is ook nooit in Düsseldorf geweest om naar sporen van Miep te zoeken. Hij is er wel van overtuigd dat ze na de oorlog in Duitsland heeft gewoond. Bewijzen kan hij dat niet.[4]

Ondanks dat het spoor naar Duitsland in snel tempo vervaagt, besluit ik bij Van Zeitveld langs te gaan in Kerkrade. Ik wil nog een keer van hem horen wat hij zich kan herinneren van Miep. Het bezoek wordt een deceptie. Henk van Zeitveld zit inmiddels in een zorg- en revalidatiecentrum. Het verhaal dat hij in de drukke en lawaaiige eetzaal van het centrum vertelt, wijkt op belangrijke onderdelen af van zijn eerste verklaring tegenover mij aan de telefoon. Hij is er nu van overtuigd dat Miep twee kinderen had. Ze heeft hem ook verteld dat ze spijt had van haar verraad, dat ze onder druk had gepleegd, en dat ze 's nachts slecht sliep.[5] Na het bezoek aan Van Zeitveld zet ik een streep door het spoor naar Düsseldorf.

Door officiële instanties wordt begin 21ste eeuw al decennialang niet meer actief gezocht naar Miep Oranje. Als een ambtenaar op het ministerie van Justitie in Den Haag in het voorjaar van 1970 opmerkt dat ze nog altijd in het register van op te sporen personen staat, wendt hij zich namens de minister tot het Openbaar Ministerie in Amsterdam, waar haar dossier onder valt. Hoewel Miep Oranje verdacht wordt van ernstige feiten ('Verraad, hetgeen de dood van meerdere personen tot gevolg heeft gehad') is de verjaringstermijn in mei 1969 verstreken, stelt de ambtenaar.[6] Ze kan niet meer worden vervolgd. De ambtenaar informeert of dit niet tot intrekking van de signalering van Oranje moet leiden.[7] Officier van justitie W. Tonckens van het arrondissementsparket in Amsterdam reageert binnen een week. Hij laat weten dat hij de administratie van het opsporingsregister 'heden' heeft gevraagd de signalering in te trekken.[8] Als Paul Brilman in 1982 als landelijk officier van justitie wordt belast met de opsporing van oorlogsmisdadigers en andere politieke delinquenten uit de Tweede Wereldoorlog, laat hij zekerheidshalve bij het ministerie informeren of sinds het bericht van Tonckens door het departement 'nog stappen zijn ondernomen met betrekking tot (de signalering van) genoemde Oranje'.[9] Het antwoord is ontkennend. In de kantlijn van dit bericht schrijft Brilmans plaatsvervanger C.C.M. Bos op 1 april 1982 'opleggen, thans laten rusten'.[10]

Vier jaar na de aantekening van Bos, wordt het dossier Oranje weer van de plank gehaald. Bij Brilman heeft om onduidelijke redenen het idee postgevat dat Miep in 1949 enige maanden onder de naam Sylvia van der Moer in Finland verbleef. 'There is reason to believe that Van der Moer and Oranje are identical,' schrijft Brilman op 30 oktober 1986 aan het Finse ministerie van Buitenlandse Zaken. Volgens de officier van justitie is Van der Moer voor het gerecht gebracht in Finland en vervolgens het land uitgezet.

Drie maanden later maakt de Finse politie Brilman duidelijk dat het om een persoonsverwisseling gaat. De blond krullende Sylvia Petronella Antoinette van der Moer is in de zomer van 1949 als journaliste naar Finland gereisd. Ze brengt een aantal maanden door bij een groep goudzoekers in Lapland en maakt een onuitwisbare indruk op hen. In oktober 1949 moet Van der Moer in Helsinki voor de rechtbank verschijnen. Ze heeft zich niet aan de regels gehouden voor het omwisselen van geld, heeft meerdere onbetaalde hotelrekeningen op haar naam staan en verblijft illegaal in het land. Van der Moer wordt schuldig bevonden en veroordeeld tot een boete van 2100 mark of zeventig dagen gevangenisstraf. Nadat vrienden en kennissen de boete voor de berooide Nederlandse hebben betaald, wordt ze het land uitgezet. Via de Deense hoofdstad Kopenhagen vliegt ze naar Nederland. Rond de rechtszaak doet de Finse politie in Nederland navraag naar haar antecedenten. Daaruit komt onder meer naar voren dat ze op 11 september 1923 is geboren als dochter van Anton van der Moer en Margaretha Jacoba Wijmer. De laatste twijfel bij Brilman dat het om Miep Oranje zou gaan, wordt ongetwijfeld weggenomen als hij leest over de lengte van Van der Moer. Ze blijkt ruim tien centimeter kleiner te zijn dan Miep.[11]

Kort nadat het Finse spoor nergens toe leidt, houdt de officier van justitie de mogelijkheid tegen het licht dat ze met een Amerikaanse officier het gevangenkamp in het Duitse Babenhausen heeft verlaten. Dit spoor wordt ingegeven door de eerder door het Rode Kruis terzijde geschoven verklaring van J.H. van de Bongaard uit Apeldoorn. Een intensieve speuractie in de Verenigde Staten levert niets op.[12]

Het kortstondige vermoeden dat Sylvia Petronella Antoinette van der Moer in werkelijkheid Miep Oranje is, is nooit eerder in de openbaarheid gekomen. Dat geldt allerminst voor een andere persoonsverwisseling. Deze is niet alleen hardnekkig, maar geldt voor sommigen nog altijd als een geloofwaardige theorie voor de verdwijning van Miep. Aan de basis hiervan staat de Friese journalist Jack Kooistra.

Op 5 mei 1990 verschijnt in *De Gooi- en Eemlander* en een aantal andere regionale dagbladen een artikel over het mysterie rond Miep Oranje: 'Wie was Miep Oranje uit Soest en waar is ze gebleven?' Journalist Bert Pol schetst in zijn artikel in kort bestek het leven van Miep en haar vermeende verraad. Voor de vraag waar ze is gebleven, komt Pol bij Kooistra uit. De rechtbankverslaggever van het *Friesch Dagblad* geniet groot respect als jager op oorlogsmisdadigers. Het opsporen van onder meer de Drentse collaborateur en landwachter Jacob Luitjens heeft hem de bijnaam de 'Friese Simon Wiesenthal' opgeleverd. In *De Gooi- en Eemlander* zegt Kooistra de verdwijning van Miep Oranje te hebben opgelost. Zij is in de jaren zeventig in het Oost-Afrikaanse land Tanzania aan kanker overleden. Hij zegt dit destijds uit zeer betrouwbare bron hebben vernomen.

Volgens Kooistra zit Miep in 1945 in het Huis van Bewaring II aan de Amstelveenseweg in Amsterdam gevangen. Hoe zij daar precies is terechtgekomen, weet hij niet. In december van 1945 komt zij vrij dankzij een *exit permit*, afgegeven door een verzetsman die destijds de leiding had over de nationale veiligheidsdienst. De man zou niet hebben geweten wie hij liet gaan. Eenmaal op vrije voeten trouwt Miep met de Britse veiligheidsofficier majoor Windham-Wright. Deze eenarmige Brit heeft haar tijdens haar gevangenschap verhoord en moet zijn gevallen voor haar charmes, stelt Kooistra. 'Door de innige contacten met de majoor moet Miep de gevangenis "makkelijk" hebben kunnen verlaten.' Na een korte zwerftocht door Europa vertrekken de twee naar Tanzania waar beiden in de jaren zeventig aan kanker overlijden.[13] De Friese journalist herhaalt zijn claim dat hij Miep heeft opgespoord, nadien nog een paar keer.[14] Maar ook anderen – de een langer dan de ander – hechten geloof aan dit scenario.

In het voorjaar van 1996 blazen twee oud-verzetsstrijders de zoektocht naar Miep Oranje nieuw leven in. Het gaat om Jan de Jong en George de Jongste uit Hoogeveen. De Jong is in de oorlog actief in het verzet in Zwolle en werkt in de jaren tachtig een tijdje als informant bij de rijksrecherche op zoek naar oorlogsmisdadigers. In die hoedanigheid kent hij het dossier van Miep. De jurist De Jongste is in de oorlog betrokken bij de hulp aan onderduikers in Rotterdam. Miep hebben ze beiden niet gekend. Gevraagd naar zijn drijfveer, zegt De Jong:

> Het gaat mij maar om een ding, namelijk zekerheid te hebben dat zij nog leeft. Natuurlijk zou het goed zijn, als ze

alsnog voor haar gruwelijke oorlogsmisdaden bij verstek zou worden veroordeeld. Maar neem van mij aan, dat gebeurt nooit. Dat is ook veel te moeilijk. Als Miep Oranje gevonden wordt, kan zij zeggen, sorry, ik heb onder dwang van de SD moeten handelen. Ik elk geval is duidelijk, dat zonder haar nooit een proces zal worden gevoerd.

De Jong en De Jongste volgen in hun onderzoek het spoor naar Tanzania, zoals door journalist Kooistra is uitgezet. Voor het speurwerk in Oost-Afrika krijgen ze hulp van een oude bekende van Miep, haar voormalige verzetsvriendin Miep Quelle.[15]

Het verraad van haar vriendin laat Quelle na de oorlog niet los. In 1971 schrijft ze onder het pseudoniem Mink van Rijsdijk de roman *Angst was mijn gast* waarin de hoofdpersoon – de getrouwde Hanna Lindeman – naar Curaçao reist op zoek naar Marina, een jonge vrouw die samen met haar in een verzetsgroep zat, maar verraad heeft gepleegd. Hanna is niet uit op vergelding voor de tweehonderd doden, onder wie haar broer, die Marina op haar geweten heeft. Het gaat haar er ook niet om dat de verraadster alsnog haar straf krijgt. 'Weten wilde ik, zeker weten wat haar bezield had en waarom.' Het inzicht in de motieven van Marina moet Hanna afhelpen van haar oorlogstrauma dat gepaard gaat met chronische angst.

Tot een ontmoeting tussen de twee komt het niet. Hanna beseft dat haar 'wanhopige verlangen aan klaarheid' tussen beiden nooit verwezenlijkt zou worden.

De obsessie dat ze me haatte en ik niet duidelijk wist waarom, zou blijven. De nachten dat ik gillend van angst wakker werd, omdat iemand me dreigde en wilde doden, moest ik leren accepteren. Want hoe kon ik al die onbewuste gedachten ooit wassen? Of moest dat juist helemaal niet? Was dat als een doorn in mijn vlees, zoals Paulus dat noemde, die bleef – bleef?

De vragen waarmee Hanna naar Curaçao reist, blijven onbeantwoord. Maar omdat ze meer over Marina te weten is gekomen – heeft ze vrede met het verleden. 'Verzoening is een al te vaak misbruikt woord, maar ik geloof wel dat ik nu voorzichtig mag zeggen dat alles goed is geworden door – eh – ja door verzoening.'[16]

Het verraad van Marina zoals beschreven in *Angst was mijn gast* is het verraad zoals Miep Quelle aan haar vriendin Miep Oranje toedicht. Romanpersonage Hanna Lindeman vindt vrede, ook al blijven haar vragen onbeantwoord. Voor Quelle gaat dat in het werkelijke leven niet op. De vraag wat Miep Oranje heeft bewogen om verraad te plegen, laat haar nooit meer los.

Een artikel in *De Gooi- en Eemlander* over de speurtocht van De Jong, De Jongste en Quelle wekt de interesse van de actualiteitenrubriek *Brandpunt* van de KRO. Aan de vooravond van 4 en 5 mei 1996 wijdt het programma een item van bijna twintig minuten aan Miep Oranje. Haar emigratie naar een boerderij in Tanzania samen met Windham-Wright, wordt door *Brandpunt* 'het meest plausibele verhaal' genoemd. Bewijs hiervoor leveren de makers niet. Officier van justitie Brilman reageert afwijzend in de uitzending op het Afrikaanse spoor. 'Ik kan het niet plaatsen. Het is een verhaal. Er zijn meer verhalen Ik kan er niets mee.'[17]

Het 'meest plausibele verhaal' waar Brilman mee wordt verrast, wordt zes jaar later uitgebreid beschreven door journalist Jan Hof in de omnibus *Verzet 1940-1945*. De verzamelband is een huldeblijk aan de leden van de LO/LKP. Hof wijdt in het vuistdikke boek een hoofdstuk aan het verraad van de verzetsorganisatie door Miep Oranje, die hij een 'massamoordenares zonder weerga' noemt en – als eerste – de bijnaam 'Koerierster des doods' geeft. De journalist volgt in hoofdlijnen het verhaal van Kooistra over Miep en Windham-Wright, maar voegt daaraan een aantal details en één nieuwe naam toe.

Volgens Hof wordt Miep na de bevrijding in Duitsland opgespoord en op last van het Militair Gezag opgepakt en teruggebracht naar Nederland. Ze wordt opgesloten in het Huis van Bewaring aan de Amstelveenseweg in Amsterdam. In de gevangenis wordt ze verhoord door majoor Windham-Wright van de Britse Veiligheidsdienst. Hij raakte zo gecharmeerd van Miep dat hij alles in het werk stelt om haar vrij te krijgen. Eind 1945 lukt dat de majoor, met behulp van Hans Teengs Gerritsen. De oud-verzetsstrijder Teengs Gerritsen werkt voor de opsporingsdienst van het Bureau Nationale Veiligheid, de Nederlandse inlichtingen- en veiligheidsdienst. Windham-Wright, die tijdens de oorlog bij een militaire actie in Libië een arm heeft verloren, laat zijn vrouw en kinderen in de steek en vertrekt samen met Miep naar Kenia en vestigt zich later in Tanzania, aldus Hof.[18]

'De majoor en de verraadster', het klinkt als de titel van

een spannend verhaal, maar het klopt niet. Elementen in de verhalen van Kooistra, de uitzending van *Brandpunt* en Hof berusten op waarheid, maar er is sprake van een persoonsverwisseling. De vrouw waarmee de eenarmige majoor Patrick Joseph Stewart Windham-Wright naar Kenia (en niet Tanzania) vertrekt, is niet Miep Oranje maar de Nederlandse Wietty Urban. De twee trouwen in augustus 1945. Begin jaren vijftig vestigen ze zich met hun twee zoons in de Britse kroonkolonie Kenia, niet ver van de grens met Tanzania. Wietty Urban overlijdt op 1 juni 1960 in Londen. Windham-Wright sterft op 1 mei 1975 in de Keniaanse hoofdstad Nairobi.[19]

Nieuwsgierig naar de bronnen van de journalisten Kooistra en Hof zoek ik in 2020 contact met beiden. Hof, 91 jaar als ik hem spreek, is een stuk minder stellig dan in zijn boek. Hij zegt 'zo ver als mogelijk te zijn gegaan' met zijn onderzoek naar Miep, 'maar er niet helemaal te zijn uitgekomen'. Dat ze met Windham-Wright naar Oost-Afrika is vertrokken, noemt hij nu een 'aanname'. Als belangrijkste bron voor zijn verhaal verwijst hij naar 'de Friese Wiesenthal'.[20] Kooistra, 91 jaar en nog altijd actief als journalist in 2020, laat op zijn beurt in een e-mail weten er 'absoluut' zeker van te zijn dat hij Miep Oranje heeft getraceerd en licht een tipje van de sluier op over zíjn bronnen.

> Alle informatie over haar is bij mij terechtgekomen via een lid van de toenmalige Binnenlandse Veiligheidsdienst. Bovendien werd zij door deze informant in de gaten gehouden. Hij kwam er achter dat zij was gehuwd met de door

een oorlogsverwonding gehandicapte Engelse majoor Windham Wright die regelmatig in Londen verbleef. Ook een oud-rechercheur van de Politieke Opsporingsdienst (P.O.D.) heeft mij gegevens over haar aangedragen. Deze mijnheer vertelde mij dat zij destijds uit gevangenschap is vrijgelaten door de toenmalige heer Teengs Gerritsen. Reden: zij had een verhouding met een Engelse majoor, dus zal ze wel uit het goede hout zijn gesneden. Vermoedelijk is Teengs Gerritsen (vriend van Prins Bernhard en later verongelukt) bezweken voor haar charme. Mijn hoofdinformant beschikte over een foto van het echtpaar (al dan niet zelf geproduceerd), waarop zij ondanks haar esthetische eigenschappen niet prettig uitzag. Later vertelde mijn informant dat zij leed aan kanker. Feitelijk woonde het paar in Kenia. Daar moet zij ook zijn overleden. In welke plaats en wanneer is mij niet bekend.

Mijn tegenwerping in een tweede mail aan hem dat het om een persoonsverwisseling gaat, brengt Kooistra niet aan het twijfelen. Hij houdt voet bij stuk:

Over het koppel Wright-Oranje heb ik destijds tweemaal telefonisch contact gevoerd met de heer Teengs Gerritsen. Reeds gedurende het eerste gesprek bevestigde hij dat een zogenaamd permit exit was verstrekt op basis van hun verhouding.

De Friese journalist is overtuigd van zijn theorie. 'Al deze gegevens zijn bij wijze van spreken vastgeroest in mijn brein,' schrijft hij nog.[21] Toch is er maar één conclusie mogelijk. Kooistra heeft het raadsel rond de verdwijning van Miep Oranje niet opgelost.

George de Jongste hecht ruim een halfjaar na de *Brandpunt*-uitzending al weinig geloof meer aan de ontsnapping van Miep met behulp van majoor Windham-Wright. Samen met Quelle achterhaalt hij dat Kooistra Miep heeft verwisseld met Wietty Urban. De Jongste geeft zijn zoektocht niet op. In het maandblad van de Documentatiegroep '40-'45 plaatst hij in november 1996 een oproep om informatie over Miep gedurende de bezettingsjaren, maar vooral over haar naoorlogse geschiedenis. 'Zolang slachtoffers van het optreden van Maria Oranje (Miep) of hun nabestaanden en verwanten nog leven, blijft elke zoektocht gerechtvaardigd!', schrijft hij.[22]

De oproep brengt De Jongste in contact met Ton Elderenbosch, die op zijn beurt ook al enige tijd naar Miep Oranje speurt. Volgens Elderenbosch, die enkele jaren bij de militaire inlichtingendienst heeft gewerkt, is door officiële instanties nooit serieus naar Miep gezocht. Hij is ervan overtuigd dat zij na de oorlog machtige beschermers heeft gehad, 'waarbij liefdesrelaties een grote rol hebben gespeeld'. 'Want daar was ze niet vies van.' Samen met De Jongste stelt hij een onderzoeksgroep samen, waar ook Miep Quelle aan deelneemt. De leden van de groep spitten in archieven in Nederland en Duitsland, plaatsen oproepen in dag- en weekbladen en spreken tal van mensen die denken iets over Miep Oranje te weten.

In 2000 ronden De Jongste en Elderenbosch hun onderzoek af. Quelle is een halfjaar eerder overleden. De twee onderzoekers komen tot de conclusie dat Miep in april 1945 in de buurt van het Gelderse Scherpenzeel is geliquideerd door het verzet. Deze theorie steunt op een verklaring van D. van Ommering die in april 1945 met zijn ouders op de boerderij 'Klein Schaik' aan de Barneveldsestraat in Scherpenzeel woont. Van Ommering herinnert zich dat in april 1945 even voor de middag – 'Het moet vóór 14 april zijn geweest, want de koeien stonden nog op stal' – zich een Duitse SD'er en een vrouw bij de boerderij melden. Nadat de Duitser met de waarnemer van de dierenarts die op de boerderij is, heeft gesproken, fietst de vrouw alleen verder de Gooswilligen in. Aan deze weg ligt de boerderij van Wijnand Veldhuizen van waaruit een verzetsgroep actief is. Van Ommering:

> Pakweg anderhalf uur later kwam Witte Teus, de knecht van Wijnand Veldhuizen, bij ons om te zeggen dat die vrouw weg was en dat die Duitser niet langer hoefde te wachten. Daarop is de SD'er vertrokken. Mijn theorie is dat die vrouw Miep Oranje was. Ze is immers voor het laatst gezien nabij Soest en Soestdijk en het stel dat bij ons aankwam, kwam uit die richting.[23]

Dat Miep tegen het eind van de oorlog nog in de buurt van Soest is gezien, heeft Van Ommering in een artikel gelezen dat in een aantal regionale kranten is verschenen. De bron voor dit verhaal is Ab Reehorst. Hij is in april 1945 op de boerderij van zijn schoonvader, de Willemshoeve, die niet ver van Paleis Soestdijk ligt aan de betonweg naar Bilthoven.

Kort voor hun aftocht vorderen de Duitsers de boerderij, aldus Reehorst. 'Tot mijn verbazing zag ik ook dat Miep Oranje tot dat gezelschap behoorde.' Hoe hij haar kende, wordt in het krantenartikel niet duidelijk.[24]

De herinneringen van Reehorst en Van Ommering zijn te mager voor De Jongste en Elderenbosch om conclusies te trekken, maar dat verandert als de laatste kort na elkaar twee telefoontjes krijgt. Een eerste anonieme beller verzekert hem dat de vrouw in het verhaal van Van Ommering, dat in een tijdschrift voor veteranen is verschenen, Miep Oranje is. Hij weet ook wie haar heeft doodgeschoten, maar wil geen naam noemen. Ruim twee weken later belt een Scherpenzeler die zegt met de voormalige knecht van Wijnand Veldhuizen te hebben gesproken. De boerenknecht ontkent tegenover hem dat hij 'haar doodgemaakt had'. De knecht heeft de tweede beller verteld dat op de dag in april die Van Ommering beschrijft, een revolver was schoongemaakt op Veldhuizens boerderij aan de Gooswilligen, die hij een 'wespennest' noemt. Een poging om de knecht te spreken te krijgen, loopt tot frustratie van de onderzoekers op niets uit. Als Elderenbosch hem belt, wordt hij door een 'buitengewoon onvriendelijke vrouw' te woord gestaan, die 'zonder meer de verbinding verbrak'. De bellers overtuigen Elderenbosch en De Jongste desalniettemin. Miep Oranje is door het verzet geliquideerd, is de conclusie. 'Naar het oordeel van de onderzoekers is dit het slot van de speurtocht naar Miep Oranje.'[25]

Zouden Elderenbosch en De Jongste echt hebben geloofd dat ze het mysterie rond Miep hadden opgelost op grond van de rammelende verklaring van Van Ommering en de vage telefoontjes? Ik kan het niet navragen. Beiden zijn inmiddels overleden. Maar het lijkt er niet op dat ze echt overtuigd waren. Vijf jaar nadat de onderzoeksgroep is opgeheven stapt Elderenbosch gemakkelijk af van de conclusie dat Miep is geliquideerd bij Scherpenzeel. Hij gaat mee in het – niet met bewijs ondersteunde – verhaal van de Limburger Henk van Zeitveld dat Miep na de oorlog in Duitsland een nieuw leven heeft opgebouwd.

De theorie dat Miep bij een boerderij in Scherpenzeel slachtoffer is geworden van wraak door het verzet, is om meerdere redenen niet plausibel. Ze zou dan nog voor het einde van de oorlog door het strijdgewoel naar Nederland moeten zijn gekomen. Het is ook moeilijk te geloven dat ze zich op een boerderij net buiten Soest ophoudt, waar het gevaar op herkenning groot is. En zou ze geen contact hebben gezocht met haar vader na haar terugkomst? Een zoon van Wijnand Veldhuizen acht het onwaarschijnlijk dat Miep bij de boerderij aan de Gooswilligen is geliquideerd. Hij spreekt geregeld met zijn vader over de oorlog en over zijn verzetswerk. Veldhuizen vertelt zijn zoon over de paarden die de Duitsers van hem stelen, de onderduikers in de kelder en op de hooizolder, en over de razzia waarbij zijn oudste dochter een wapen op zich gericht krijgt. 'Ik ging vaak met mijn vader naar herdenkingen en dan spraken we over wat hij had meegemaakt in de oorlog.' Over Miep Oranje heeft de zoon van Veldhuizen nooit iets gehoord. 'Het komt mij voor als een onwaarschijnlijk verhaal.'[26]

Hoewel Mieps misdaden zijn verjaard en ze niet meer gesignaleerd staat, trekt rijksrechercheur Gerrit Dekker in de jaren zeventig in opdracht van het Openbaar Ministerie nog enkele tips over haar na. Dekker wordt in 1931 geboren in Kampen als zoon van een stalhouder. In 1941 verhuist het vijf kinderen tellende gezin naar het huis Klein Staalwijk aan de Biltseweg, net buiten Soest. Na een aantal jaar als agent in uniform bij de rijkspolitie en een korte carrière bij de luchtvaartpolitie maakt hij in 1969 de overstap naar de rijksrecherche. In zijn nieuwe baan wordt hij samen met een aantal collega's in opdracht van het Openbaar Ministerie belast met de opsporing van oorlogsmisdadigers. 'Het dossier van Miep Oranje had meteen mijn aandacht omdat het in mijn eigen streek speelde.' Dekker zoekt onder meer in Canada naar haar, maar vindt tot zijn frustratie geen spoor van haar. Als Mieps vader in 1976 overlijdt, weet hij een notaris zover te krijgen hem inzage in zijn testament te geven. Hij wil zeker weten dat Cees Oranje toch niet al die jaren heeft geweten waar zijn dochter is en haar iets heeft nagelaten. Miep komt niet als begunstigde voor in zijn testament.[27] Bijna dertig jaar na zijn pensioen is Dekker nog altijd gespitst op informatie over Miep Oranje. Als hij van een vriend hoort dat twee broers in Soest ervan overtuigd zijn dat Miep door het plaatselijke verzet is doodgeschoten, is de oud-rijksrechercheur stellig. 'Ik geloof er niets van, allemaal gelul.'[28]

Dekkers ongeloof is verklaarbaar en begrijpelijk. Hij heeft in de loop der jaren meerdere theorieën over de verdwijning van Miep gehoord en een aantal daarvan tijdens zijn werkzame leven tevergeefs onderzocht. Ik besluit desondanks een afspraak met de twee Soester broers te maken. Het verhaal dat ze mij bij een van de twee thuis in de woonkamer vertellen, komt hierop neer. De grootvader van de broers, Kees van Wijngaarden, komt in mei 1930 als agent in dienst bij de gemeentepolitie in Soest. Tijdens de oorlogsjaren verbergt hij een Joods meisje in zijn huis. Drie andere Joden brengt hij bij een vriend in het dorp onder. Als er razzia's dreigen, waarschuwt hij Soesters van wie hij weet dat ze gevaar lopen. Van Wijngaarden is volgens zijn kleinzoons tegen het eind van de oorlog op de hoogte van het verraad dat Miep heeft gepleegd. Rond de bevrijding – of het voor of na 5 mei is weten de broers niet – post de politieman samen met andere verzetslieden lange tijd bij Mieps ouderlijk huis aan de Braamweg. Op een dag treffen ze haar daar aan. Ze wordt meegenomen naar het nabijgelegen natuurgebied Soesterduinen. Daar wordt ze doodgeschoten en begraven. Haar graf moet volgens de broers achter het huidige scoutinggebouw aan de Sparrenlaan liggen, nog geen 500 meter van de Braamweg. Overtuigd van het verhaal van opa Kees (1895-1988) zet een van zijn kleinzoons het in 2005 op papier en laat dat ondertekenen door zijn moeder. Het verhaal stuurt hij op naar het NIOD. Daar is het bijna twintig jaar later niet terug te vinden. De kleinzoon van Van Wijngaarden heeft nog wel een kopie van de brief, en de bevestiging dat deze ontvangen is door het oorlogsinstituut, maar beide documenten krijg ik alleen vluchtig te zien als ik op bezoek ben.[29]

Op enkele plekken in het land speelt het voormalig verzet in de weken na de bevrijding voor eigen rechter. Op 11 juni 1945 komt in het Boerengat in Rotterdam het lijk van de 25-jarige Kitty van der Have bovendrijven. Ze is naakt en kaalgeschoren. Van der Have werkt in de oorlog als koerierster voor een Rotterdamse knokploeg. Als een overval van de verzetsgroep op een kantoor van de Duitse spionagedienst (*Abwehr*) mislukt, de actie loopt uit op een vuurgevecht met de Duitsers en kost aan een van de leden van de groep het leven, wordt Van der Have beschuldigd van verraad. Ze zou haar mond voorbij hebben gepraat tegen een soldaat van de Kriegsmarine, waar ze verliefd op is geworden. Een maand na de bevrijding wordt Van der Have ter verantwoording geroepen. Ze wordt door leden van de knokploeg meegenomen naar een woning en verhoord. Ze geeft toe haar Duitse geliefde te hebben gewaarschuwd weg te blijven van het kantoor van de Abwehr op de dag van de overval. De jonge vrouw wordt bedwelmd en verdronken in een badkuip. Het ontzielde lichaam wordt vervolgens in twee aan elkaar genaaide jutezakken in het Boerengat gegooid. Om herkenning te voorkomen wordt haar hoofd kaalgeschoren. Vier van de zeven mannen die betrokken zijn bij de dood van Van der Have moeten zich in 1950 verantwoorden voor de Krijgsraad. De verdachten komen voor een militaire rechtbank omdat ze ten tijde van het misdrijf onderdeel uitmaakten van de Binnenlandse Strijdkrachten. Ze komen ervan af met voorwaardelijke straffen van één jaar tot vier maanden. De Krijgsraad laat de vooraanstaande rol die de beklaagden in het verzet hebben gespeeld, zwaar meewegen in haar uitspraak.[30]

Ik wil best geloven dat Kees van Wijngaarden in familiekring heeft verteld dat Miep het slachtoffer is geworden van wraak van het voormalig verzet in Soest en in de Soesterduinen is doodgeschoten. Maar het ligt niet voor de hand dat het ook daadwerkelijk is gebeurd. Enig ondersteunend bewijs dat Miep zich kort voor of na de bevrijding weer bij haar vader aan de Braamweg meldt, is er niet. In al zijn brieven om informatie over zijn verdwenen dochter maakt Cees Oranje nooit melding van haar (kortstondige) terugkeer. Waarom zou hij tot ver na de oorlog onder meer in Duitsland navraag zijn blijven doen als Miep rond de bevrijding thuis is gekomen?

Onder de speurders naar Miep Oranje meldt zich eind jaren negentig van de vorige eeuw ook een familielid van haar, neef John de Blaey. De gepensioneerde oud-politieman is de zoon van Willem Nicolaas de Blaey die als bewindvoerder van de vermiste Miep optreedt, totdat ze in 1962 van rechtswege dood wordt verklaard. De Blaey leest alles wat hij kan vinden over zijn nicht, spreekt tijdgenoten en schrijft archieven in binnen- en buitenland aan. Als hij na een kleine twintig jaar geen stap dichterbij is gekomen, kondigt hij in 2014 aan zijn onderzoek te staken. 'Het is allemaal tevergeefs. Het heeft geen zin meer om verder te zoeken.'

Toch blijft De Blaey nog een sprankje hoop houden dat het mysterie rond zijn nicht wordt opgelost. Hij is dan al jaren bezig te achterhalen of de Binnenlandse Veiligheidsdienst (BVD), de voorloper van de Algemene Inlichtingen- en Veiligheidsdienst (AIVD), een dossier over haar heeft aangelegd. Waarom de dienst dat zou hebben gedaan? Als Miep na de oorlog in Duitsland is gaan wonen, zou ze voor de Nederlandse veiligheidsdienst kunnen zijn gaan werken, redeneert De Blaey. Hij haast zich wel te zeggen dat hij hiervoor geen enkel bewijs heeft.[31]

De AIVD weigert De Blaey antwoord te geven op de in zijn ogen simpele vraag of er wel of geen dossier van Miep Oranje bestaat. Het wakkert de argwaan van haar neef aan. De laatste jaren van zijn leven – hij overlijdt in 2019 – is hij ervan overtuigd dat er iets wordt achtergehouden rond Miep Oranje. Er hangt een vreemde geur rond de zaak, zegt hij in 2018:

> Er is een AIVD-rapport over haar, maar daar komt niemand bij. En ze is na de oorlog niet bij verstek veroordeeld. Dat heeft ons als familie altijd verbaasd. Ze wist veel van minder fraaie zaken van het verzet. Daarom is er volgens mij een rookgordijn opgetrokken.[32]

Maar uit de opstelling van de inlichtingen- en veiligheidsdienst kan niet worden geconcludeerd dat er een dossier van zijn nicht bestaat. De AIVD voert louter de bij wet vastgelegde regels uit over wie persoonsgegevens kan opvragen als ze De Blaey weigert antwoord te geven.

Het opvragen van gegevens is voorbehouden aan de betreffende persoon of als deze is overleden, aan een familielid in de eerste graad. Derden kunnen alleen een aanvraag doen met een machtiging die is getekend door de partner, een ouder of een kind van de persoon naar wie navraag wordt gedaan. In het geval van Miep Oranje zijn alle wegen richting de AIVD voor iedereen afgesloten. Elk verzoek om informatie is door het ontbreken van een familielid in de eerste graad kansloos.[33] Toch wordt in het najaar van 2022 definitief duidelijk dat er door de veiligheidsdienst geen dossier van Miep

Oranje is aangelegd. In het overzicht van ruim 71.000 dossiers van mensen waar de BVD en haar voorgangers tussen 1946 en 1998 belangstelling voor hadden, komt haar naam niet voor.[34]

De verschillende verhalen over de verdwijning van Miep Oranje die de revue zijn gepasseerd, zijn aantoonbaar onwaar of missen elk begin van bewijs. Ze vertrekt na de oorlog niet met een eenarmige Engelse officier naar Oost-Afrika, wordt niet doodgeschoten bij Scherpenzeel, vlucht niet naar Finland, bouwt geen nieuw leven op in Canada of in de omgeving van Düsseldorf en ligt niet begraven aan de rand van een natuurgebied in Soest. Maar wat is er dan wel met haar gebeurd?

De laatste persoon van wie we weten dat hij Miep heeft gezien voor ze van het toneel verdween, is haar vader. De twee hebben op 8 augustus 1944 een ontmoeting met elkaar in Utrecht. Kort daarna vertrekt Miep met hulp van haar Sachbearbeiter Oelschlägel naar Duitsland, verklaart onder meer SD-chef Lages na de oorlog. Rechercheur Van Vulpen stuit in zijn onderzoek kort na de oorlog naar de gedragingen van Miep tijdens de bezettingsjaren op documenten die haar vertrek naar Duitsland aannemelijk maken. Het gaat om een Karteikarte (registratiekaart) en twee Zahlbogen (salarisstaten) uit de administratie van de *Fürsorgeoffizier der Waffen-SS in den Niederlanden*. Dit is een Duitse *Dienststelle* die de betalingen aan achterblijvers regelt bij uitzending van vrijwilligers. De Fürsorgeoffizier bekommert zich doorgaans om de families van Nederlandse mannen die zich als vrijwilliger hebben aangemeld bij de Waffen-ss. Miep treedt volgens de documenten op 7 september in dienst van het Deutsches Rote Kreuz. Ze komt niet in actieve dienst, maar moet bij oproep verschijnen. Op haar registratiekaart staat als adres Euterpestraat 99 in Amsterdam vermeld, waar het hoofdkantoor van de Sipo/SD is gevestigd. De maandelijkse vergoeding van 45 gulden – het standaardbedrag dat de Fürsorgeoffizier uitkeert aan achterblijvers – gaat ook naar de Euterpestraat. Over de periode van 30 december 1944 tot 31 maart 1945 wordt een nabetaling gedaan van 306 gulden. Over de maanden april, mei en juni wordt (bij voorschot) 135 gulden uitbetaald. De administratie van de Fürsorgeoffizier vermeldt niet waar ze in Duitsland naartoe is gegaan.[35]

In Nederlandse en Duitse archieven vind ik na jarenlang af en aan zoeken verder geen sporen van Mieps aanwezigheid in Duitsland. Hoewel meerdere onderzoekers voor mij dat ook al deden, zoek ik contact met de zoekdienst van het Deutsches Rote Kreuz in München met de vraag of ze mij kunnen helpen met mijn zoektocht. Het blijft maandenlang stil totdat de Suchdienst reageert. Niet met het antwoord op mijn vraag, maar met een officieel onderzoeksverzoek dat ik moet ondertekenen. Vervolgens hoor ik weer maanden niets. Zou de zoekdienst iets op het spoor zijn?

Ruim anderhalf jaar na mijn eerste verzoek komt het antwoord. De Suchdienst laat weten de afgelopen dertig jaar meerdere verzoeken te hebben gehad om informatie over de verdwijning van 'Maria Oranje'. Naar aanleiding van elk verzoek is uitvoerig onderzoek gedaan in de archieven en documenten van de dienst. Helaas telkens zonder succes. Ook deze keer heeft het niets opgeleverd. De zoekdienst doet nog wel de suggestie aan de hand om te gaan zoeken in de Verenigde Staten of Canada, omdat er een spoor van Miep Oranje naar een van beide landen schijnt te leiden. 'We know, it isn't a great help but maybe usefull – fingers crossed!' Als ik nader infomeer naar het spoor, blijkt het te gaan om een gerucht dat Miep na de oorlog is getrouwd met een geallieerde officier en met hem Duitsland heeft verlaten. Het is het verhaal Windham-Wright, maar deze keer heeft hij Miep niet gered uit een Nederlandse gevangenis, maar uit een gevangenkamp in het Duitse… Babenhausen.[36] Ik besluit dat mijn speurtocht ten einde is. Miep niet gevonden.

Slot

Koerierster des doods

Het leven lacht Miep Oranje toe aan de vooravond van de Tweede Wereldoorlog. Na een jeugd met een groot verdriet heeft ze zich ontpopt tot een veelbelovende studente sociale geografie, die geniet van het Utrechtse studentenleven en droomt van een baan als lerares aardrijkskunde. Over de vraag van vriendin Miep Quelle in de loop van 1943, of ze koerierswerk wil verrichten voor het verzet, denkt ze niet lang na. Onbezonnen begint de 20-jarige Miep aan een avontuur waarvan ze de gevaren niet overziet. Als het noodlot toeslaat en ze in handen valt van de Duitse bezetter wordt ze geconfronteerd met de meedogenloze Sicherheitsdienst. Anders dan onder meer SD-chef Willy Lages na de oorlog wil doen geloven, gaat ze niet vrijwillig voor de Duitsers werken. Lages' gewiekste medewerker Herbert Oelschlägel stort zich op haar, als een hongerige wolf op een lammetje.

Miep lijkt de druk van Oelschlägel aanvankelijk te kunnen weerstaan. De eerste arrestaties die de Duitsers verrichten nadat ze is opgepakt, zijn terug te voeren op de papieren die ze bij zich heeft als ze bij het Elisabethklooster in Lage Vuursche nietsvermoedend in de armen van de Feldgendarmerie fietst. De vindplaats van het archief van de Raad van Verzet bij Het Duikje geeft ze pas na een kleine maand prijs. Waarom verzetscommandant Dick van der Meer de papieren niet heeft weggehaald, blijft een raadsel. De in 2003 overleden Van der Meer heeft zich na de oorlog alleen uiterst summier uitgelaten over zijn koerierster en haar verraad. 'Miep Oranje was een studente uit Soest, kwam ik aan via de verzetsgroep aldaar, een burgerlijk meisje.'[1]

Het adres waar de Knokploeg Soest geregeld samenkomt, verraadt ze anderhalve maand na haar arrestatie. Het lijkt alsof ze de groep tijd heeft willen geven het adres op te doeken. Het blijkt een misrekening en de Knokploeg Soest valt grotendeels in handen van de Duitsers. Of ze ook verantwoordelijk is voor de invallen begin juni 1944 bij de familie Quelle aan de Torenstraat en op het onderduikadres van zoon Arend Quelle elders in Soest, is niet met zekerheid te zeggen, al wijst alles daar wel op.

Onder druk van de arrestatie van haar vader, nadat eerder haar stiefmoeder al enige tijd vastzat als gijzelaar, infiltreert ze in juli 1944 in een nieuwe verzetsgroep, de Landelijke Organisatie voor Hulp aan Onderduikers. Miep kiest voor haar vrijheid en die van haar vader en stiefmoeder ten koste van anderen. Toch had haar verraad volgens haar 'verzetsbaas' Teus van Vliet veel dramatischer kunnen uitpakken. Ze kende veel meer adressen van zijn organisatie dan waar de Duitsers binnenvielen.

Dat Van Vliet na de oorlog de verradersrol van Miep afzwakt, is niet zonder reden. Ze was immers zíjn koerierster geweest. Hij had haar alles verteld en overal mee naartoe genomen. Het verwijt dat hij onvoorzichtig is geweest, komt hem temeer slecht uit omdat hij na de bevrijding zelf in het verdachtenbankje zit. Eind januari 1945 was Van Vliet door verraad alsnog in handen van de Duitsers gevallen. Tijdens een uren durend verhoor sloeg hij door. Hij gaf prijs waar een dag na zijn arrestatie een bijeenkomst van de leidinggevenden van de belangrijkste Nederlandse verzetsorganisaties plaats zou vinden. Dit leidde onder meer tot de arrestatie van bankier Walraven (Wally) van Hall van het Nationale Steun Fonds, dat de illegaliteit financierde.

Van Vliet wordt in mei 1949 uiteindelijk niet veroordeeld voor het verraad van Van Hall, die twee weken na zijn arrestatie door de Duitsers werd gefusilleerd. Het Bijzonder Gerechtshof gaat mee in Van Vliets verdediging dat hij erop rekende dat zijn arrestatie bekend zou zijn en dat de vergadering van de top van het verzet zou worden afgeblazen. Het hof acht wel bewezen dat hij voor de Duitsers een schema had getekend van de top van het Nederlandse verzet, met de belangrijkste namen en schuilnamen. De voormalige topman van de Landelijke Organisatie voor Hulp aan Onderduikers wordt op 24 mei 1949 licht gestraft. Van Vliet krijgt een voorwaardelijke geldboete van 500 gulden, met een proeftijd van twee jaar. Hij moet de boete betalen als hij in zijn proeftijd een functie gaat bekleden binnen een organisatie die uit het voormalig verzet is voortgekomen of wanneer hij gaat publiceren over het verzet. Het Bijzonder Gerechtshof legt hem die laatste beperking op omdat hij het onderwijs inmiddels heeft verruild voor de journalistiek.[2]

Teus van Vliet (1913-1986) is er veel aan gelegen de verradersrol van Miep klein te houden. Maar van 'honderden slachtoffers' door het verraad van Miep Oranje zoals in de literatuur wordt beweerd, is evenwel geen sprake. De vergelijking met de beruchte verrader Anton van der Waals, die in de uitzending van *Brandpunt* wordt gemaakt, gaat niet op. Miep Oranje pleegt verraad tijdens de oorlog, maar dat is minder omvangrijk dan tot dusverre is verwoord. De lijst met slachtoffers telt 39 namen (zie Bijlage). Dat is een aanzienlijk aantal en maakt haar tot een van de grootste verraadsters tijdens de Tweede Wereldoorlog in Nederland. Onder haar slachtoffers zijn verzetsstrijders en onderduikers die direct en indirect zijn opgepakt door haar handelen of zonder haar betrokkenheid zijn opgepakt, maar eenmaal gearresteerd wel door haar zijn beschuldigd van activiteiten tegen de Duitse bezetter. Van de 39 mannen en enkele vrouwen sterven 25 door de kogel of bezwijken aan ontberingen in een concentratiekamp. Voor hen was Miep Oranje de koerierster des doods.

Dat Miep Oranje niet bij verstek wordt veroordeeld, voedt speculaties dat ze na de oorlog bescherming heeft genoten van het voormalig verzet. Dat zou zich schamen voor het verraad binnen de eigen gelederen en het zwijgen ertoe hebben willen doen. Een andere theorie luidt dat ze buiten schot blijft, omdat ze te veel weet over de minder fraaie kanten van het verzet, zonder dat duidelijk wordt gemaakt wat dit behelst. De werkelijkheid is anders. Het dossier dat PRA-rechercheur Johan van Vulpen na de bevrijding tegen haar aanlegt, is mager en verre van afgerond als hij zijn papierwerk eind december 1948 overdraagt aan Justitie. Bij gebrek aan een verdachte en een overvloed aan goedgevulde dossiers tegen andere landverraders en collaborateurs die de raderen van de naoorlogse rechtspleging al langzaam laten draaien, verdwijnt de zaak contra Maria (Miep) Oranje op de plank.

Ze is niet de enige verraadster die niet bij verstek wordt veroordeeld. Begin juni 1945 wordt de Utrechtse Marie de Bruyn opgesloten in een provisorisch gevangenenkamp in Slot Zeist. De Bruyn, die als koerierster voor de LO in de provincie Utrecht werkte, wordt ervan verdacht dertien adressen in Zeist, Utrecht, Culemborg en Bussum te hebben verraden. Twee verzetsmannen die worden opgepakt door haar toedoen, overleven de oorlog niet. De Bruyn weet te ontsnappen door de slotgracht over te zwemmen. Zij wordt niet meer opgespoord en tot een rechtszaak tegen haar komt het niet.[3]

Miep Oranje zou zijn opgepakt als ze na de bevrijding uit Duitsland was teruggekeerd naar Nederland. Haar strafdossier zou zijn aangevuld met de nog ontbrekende getuigenissen en vervolgens zijn voorgelegd aan de Kamer Utrecht van het Bijzonder Gerechtshof Amsterdam, een van de vijf gerechtshoven die na de bevrijding worden ingesteld om de zwaardere verraadzaken te behandelen.

Oelschlägels V-Frau Irma Seelig moet zich na de oorlog ook voor het Bijzonder Gerechtshof verantwoorden. Seelig, die na de capitulatie van Duitsland door de Amerikanen wordt opgepakt en uitgeleverd aan Nederland, verschijnt eind juli 1948 in Amsterdam voor de rechter. Ze geeft het verraad van een handvol leden van de verzetsgroep CS-6 toe en toont berouw. 'Maar wat ik heb gedaan, deed ik uit angst voor de dood,' voert de 32-jarige Seelig ter verdediging aan. Het is niet onwaarschijnlijk dat Miep Oranje voor eenzelfde verdediging zou hebben gekozen als ze voor het gerechtshof zou zijn verschenen. Daarnaast zou ze gewezen hebben op haar vrees dat de Duitsers haar stiefmoeder en vader iets aan zouden doen. Het Amsterdamse Bijzonder Gerechtshof houdt in zijn oordeel over Seelig rekening met de druk die Oelschlägel op haar uitoefende en haar voortdurende angst dat ze zou worden doodgeschoten. Irma Seelig wordt op 10 augustus 1948 veroordeeld tot twaalf jaar gevangenisstraf, drie jaar minder dan de eis van de aanklager (advocaat-fiscaal) twee weken eerder luidt. In 1951 wordt haar straf met nog eens drie jaar teruggebracht. Seelig komt een jaar later in juli vrij en vertrekt naar het buitenland, vermoedelijk naar Duitsland.[4]

Hoe zwaar Miep Oranje gestraft zou zijn, weten we uiteraard niet. Toch ligt het voor de hand dat ze een zwaardere straf zou hebben gekregen dan Irma Seelig. De omvang van het verraad door Miep Oranje overtreft dat van de Duitse Seelig. Bovendien gaat ze een stap verder in haar werk voor de SD door in een verzetsgroep te infiltreren. Mieps optreden is daardoor eerder vergelijkbaar met dat van de Groningse koerierster Geesje Bleeker, die maar liefst twee keer ter dood wordt veroordeeld.

De in het dorp Termunten geboren Bleeker is een leeftijdsgenoot van Miep en werkt in de oorlog als koerierster voor het verzet in de provincie Groningen. In juli 1944 wordt ze door de Duitsers gearresteerd. Eenmaal in handen van de Sicherheitsdienst, die zetelt in het Scholtenhuis aan de Grote Markt in Groningen, leeft ze in 'een hel van angst en onzekerheid'. Om haar leven veilig te stellen gaat Bleeker voor de SD werken. Ze pleegt op grote schaal verraad in Groningen en Drenthe. Minimaal veertig personen worden door haar toedoen gearresteerd. Na de bevrijding moet ze zich zowel voor de Kamer Assen als de Kamer Groningen van het Bijzonder Gerechtshof Leeuwarden verantwoorden. Op de tenlasteleggingen staat dat elf van de personen die door haar zijn verraden, de oorlog niet hebben overleefd. Bleeker bekent verraad te hebben gepleegd en toont berouw. Tijdens beide rechtszittingen verklaart ze zonder dwang of bedreiging met de SD te hebben meegewerkt. Ze had zich aan de zijde van de bezetter geschaard en wilde helpen bij het bestrijden van het Nederlandse verzet, verklaart ze. Bleeker wordt twee keer ter dood veroordeeld. Volgens de Kamer Assen van het gerechtshof heeft ze door haar verraad 'landgenoten in het ongeluk gestort en vele gezinnen in diepen rouw gedompeld'.

Bleeker gaat tegen beide straffen in hoger beroep. De Bijzondere Raad van Cassatie in Den Haag houdt de uitspraak van de Kamer Groningen in stand. Het vonnis dat in Assen tegen haar is uitgesproken, wordt vernietigd, omdat een persoon niet twee keer ter dood kan worden gebracht. Het doodvonnis dat overeind blijft, wordt niet voltrokken. Op 14 januari 1948, de dag dat de Joodse verraadster Ans van Dijk als enige ter dood veroordeelde vrouwelijke verrader daadwerkelijk sterft voor het vuurpeloton, krijgt Bleeker gratie. Haar doodstraf wordt omgezet in levenslang. In april 1959 volgt een tweede gratie en wordt de levenslange gevangenisstraf gewijzigd in een straf van 23 jaar. Als Bleeker in augustus 1960 twee derde van haar gevangenisstraf heeft uitgezeten, wordt ze vrijgelaten. Ze gaat in Rotterdam wonen en vindt werk bij de Holland-Amerika Lijn. De laatste jaren van haar leven woont ze in een verzorgingshuis in Drenthe, waar ze in 2011 overlijdt.[5]

De vraag waar Miep Oranje is gebleven of mogelijk zelfs nog leeft – dit jaar zou ze honderd jaar worden – blijft bijna tachtig jaar na de Tweede Wereldoorlog onbeantwoord. De verhalen dat ze kort voor of na de bevrijding terug is gekeerd naar Nederland en is geliquideerd door het verzet, missen elke bewijsgrond. De hardnekkige theorie dat ze door tussenkomst van een geallieerde officier heeft weten te ontkomen, is (opnieuw) overtuigend weerlegd. Dat Miep Oranje na de oorlog voor de Binnenlandse Veiligheidsdienst zou hebben gewerkt en dat de huidige Nederlandse veiligheidsdienst AIVD een dossier van haar heeft dat geheim moet blijven, is een loos gerucht dat naar het rijk der fabelen kan worden verwezen.

Naar het lot van Miep Oranje nadat ze in augustus 1944 uit angst voor wraak van het verzet naar Duitsland vertrok, kunnen we alleen maar gissen. Is ze als verpleegster van het Duitse Rode Kruis om het leven gekomen bij een van de vele bombardementen van de geallieerden op de Duitse burgerbevolking en naamloos begraven? Of heeft ze de oorlog overleefd en kans gezien onder een andere naam een nieuw leven op te bouwen? Het is niet te zeggen. Speculeren over wat er met haar kan zijn gebeurd zonder dat er een begin van bewijs is, heeft geen zin. Het brengt een antwoord op de vraag waar ze is gebleven en of ze nog leeft niet dichterbij. Feit is dat elk spoor naar haar doodloopt, telkens weer en al decennialang. De kans dat het mysterie van haar verdwijning ooit wordt opgelost, acht ik uitgesloten. Miep Oranje, koerierster voor het verzet én verraadster in dienst van de Duitse bezetter, is voor eeuwig verdwenen in de mist van de geschiedenis.

Bijlage

Slachtoffers van direct en indirect verraad door Miep Oranje of door haar beschuldigd

Naam	Datum van arrestatie	
Alma Beekman-Martin	11-02-1944	Van Ravensbrück naar Malmö met transport Zweedse Rode Kruis, 24 april 1945
Cornelia van den Berg-van der Vlis	09-08-1944	† Gefusilleerd in Zeijen (Drenthe), 8 september 1944
Cornelis van Bergeijk	09-08-1944	† Gefusilleerd in Kamp Vught, 30 augustus 1944
Jeanne Berkelaar	09-08-1944	Bevrijd in Dachau, 29 april 1945
Richard Bing	08-08-1944	† Gefusilleerd in Kamp Vught, 5 september 1944
Evert Boven	17-08-1944	† Kamp Husum-Schwesing, 4 november 1944
Chris Boven	09-08-1944	Bevrijd in Sachsenhausen/Oranienburg, 22 april 1945

Carl Cahn	30-01-1944	Bevrijd in Bergen-Belsen, 15 april 1945
Hilde Cahn-Samuel	30-01-1944	† Omgeving van Auschwitz, 26 maart 1944
Willem J. Dercksen	09-08-1944	† Sachsenhausen/Oranienburg, oktober 1944
Bert Fokkema	09-08-1944	† Bergen-Belsen, 29 april 1945
Johanna Fokkema	09-08-1944	Bevrijd in Dachau, 29 april 1945
Gerrit Frederiks	12-02-1944	† Allach, München, 18 april 1945
Rento Garschagen	12-02-1944	Bevrijd in Sachsenhausen/Oranienburg, 22 april 1945
Loet Hesselberg	09-08-1944	† Gefusilleerd in Kamp Vught, 30 augustus 1944
Jan Kanis	12-02-1944	Bevrijd in Dachau, 29 april 1945
Jan C. Karman	14-01-1944	† Gefusilleerd in de duinen bij Overveen, 16 februari 1944
Peterus J.F. Kool	08-08-1944	Vrijgelaten uit gevangenschap, december 1944
Piet Kuipers	19-08-1944	Vrijgelaten uit de gevangenis in Arnhem, augustus 1944
Heleen Kuipers-Rietberg	19-08-1944	† Ravensbrück, 27 december 1944
Willem Lengton	13-02-1944	† Gefusilleerd op de Waalsdorpervlakte, 14 april 1944
Dirk van der List	06-01-1944	† Sachsenhausen/Oranienburg, 11 maart 1945
Dirk van der List jr.	06-01-1944	Vrijgelaten uit de gevangenis, februari 1944
Henk Meijer	12-02-1944	Bevrijd in Dachau, 29 april 1945

Cornelis van Nes	09-08-1944	† Neuengamme, 15 november 1944
Willem de Nie	09-08-1944	† Gefusilleerd in Kamp Vught, 30 augustus 1944
Arend Quelle	04-06-1944	† Neuengamme, 10 januari 1945
Johan Willem Quelle	04-06-1944	Vrijgelaten uit gevangenschap, 26 augustus 1944
Johannes H.A. Ruiten	09-08-1944	† Sachsenhausen/Oranienburg, 27 december 1944
Trijntje Scheringa	14-08-1944	Bevrijd in concentratiekamp op waddeneiland Borkum
Hans Senff	12-02-1944	† Omgeving van München, 31 juli 1944
Egbertus S. Telder	04-06-1944	† Neuengamme, 17 december 1944
Jacobus Simon Veenenbos	08-08-1944	† Neuengamme, 12 november 1944
Rut van Veenendaal	12-02-1944	† Gefusilleerd in de duinen bij Overveen, 16 februari 1944
Gerrit van Vliet	09-08-1944	† Mauthausen, 25 maart 1945
Tjalke van der Wal	16-08-1944	† Doodgeschoten in Koudum, 16 augustus 1944
Barend Waterman	12-02-1944	† Auschwitz, 26 maart 1944
Jenne Wielenga	04-06-1944	Vrijgelaten uit Kamp Amersfoort, 23 september 1944
Gerben Ypma	14-08-1944	† Doodgeschoten in Koudum, 16 augustus 1944

Woord van dank

Dit boek kent een lange aanloop. In 2008 zag ik voor het eerst de televisiereportage van *Brandpunt* over Miep Oranje. Hoewel ik haar naam wel eens was tegengekomen in de geschiedschrijving over de Tweede Wereldoorlog in Nederland, was de geschetste omvang van haar verraad nieuw voor mij. Omdat haar verraad zich grotendeels in en rond Soest afspeelde, was mijn nieuwsgierigheid meteen gewekt. Destijds werkte ik als verslaggever bij AD *Amersfoortse Courant*, die ook Soest bestrijkt. In de nog altijd niet opgeloste verdwijning van Miep Oranje zag ik in de eerste plaats een verhaal voor de krant.

Ik zocht contact met freelancejournalist en kenner van de geschiedenis van Soest Hans Kruiswijk. Hij kende het verhaal over zijn plaatsgenote in grote lijnen. In een column voor een huis-aan-huisblad in Soest had hij wel eens over haar geschreven. Waar ze was gebleven? Hans had geen idee, maar wilde dat net als ik wel graag weten. We namen ons samen voor op zoek te gaan naar Miep Oranje en haar verdwijning op te lossen.

Het bleek een even ambitieus als onmogelijk voornemen. Toen ons onderzoek na een aantal maanden vastliep – met de archieven die wij raadpleegden, boeken die we lazen en mensen die we spraken kwamen we niet verder –, gaven we het op. Het bleef bij een verhaal in de krant met Mieps neef John de Blaey, die na jaren speuren op het punt stond zíjn zoektocht naar haar op te geven. Miep Oranje verdween naar de achtergrond. Hans ging zich weer bezighouden met de Soester geschiedenis. Ik schreef een boek over het naoorlogse interneringskamp in Amersfoort en promoveerde op de biografie van de Duitse oorlogsmisdadiger Josef Kotalla. Maar de naam Miep Oranje bleef al die tijd rondspoken in mijn hoofd en tijdens een verloren uur deed ik nog wel eens wat naspeuringen naar haar.

In het voorjaar van 2020 besloot ik het onderzoek naar Miep Oranje weer op te pakken. Het mysterie van haar verdwijning oplossen, was niet langer het doel. Het verhaal van de verraadster moest worden verteld. Met Hans Kruiswijk hield ik contact. Samen wandelden we door Soest-Zuid langs de plekken die een rol speelden in Mieps leven. Dankzij hem maakte ik ook kennis met voormalig rijksrechercheur Gerrit Dekker. Gerrit, die niets liever had gezien dan dat het mysterie rond de verdwijning van Miep Oranje zou worden opgelost, overleed in augustus 2022.

Tijdens mijn eerdere en latere onderzoek kon ik op de hulp van velen rekenen. In de eerste plaats waren dat de medewerkers van de verschillende archiefinstellingen die ik bezocht of – in coronatijd – digitaal om informatie vroeg. Een aantal mensen wil ik bij naam noemen. Kenner van het Baarnse oorlogsverleden Wim Velthuizen struinde met mij door de bossen bij Lage Vuursche op zoek naar de plek waar Het Duikje stond. Hij wees mij ook op het bijzondere dagboek in de collectie van de Historische Kring Baerne dat een van de bewoners van de onderduikershut tijdens zijn verblijf bijhield. Kunstenares, schrijfster en theatermaakster Nelleke Nieuwboer maakte mij wegwijs in de omvangrijke familie Oranje en prikkelde mij met haar persoonlijke boek over Miep Oranje, een van de 78 neven en nichten van haar moeder. Een andere 'Oranje' die ik wil bedanken, is Pauline de Koning-Olthof. Zij gaf mij inzage in brieven van haar opa Jan Oranje uit de oorlogsjaren, waardoor ik een aantal belangrijke details rond Miep Oranjes gevangenschap kon invullen. Journalist Paul Ruigrok bracht mij in contact met een oud-klasgenote van Miep op de lagere school in Soest.

Bij Mai Spijkers en Job Lisman van uitgeverij Prometheus vond ik direct enthousiast gehoor toen ik aan de Herengracht in Amsterdam mijn plan voor een boek over de verdwenen verraadster ontvouwde. Voordat ik aan het schrijven begon, benaderde ik een aantal historisch onderzoekers en journalisten die eerder naspeuringen hadden gedaan naar Miep Oranje. Ik leerde van hun ervaringen en kreeg van een aantal van hen hulp en advies. Leon de Rouw stelde mij ruimhartig het archiefmateriaal beschikbaar dat hij had verzameld. Met een van de onderzoekers, Lucas Bruijn, hield ik contact. Hij toonde zich bereid mijn onderzoek te volgen en de verschillende hoofdstukken van mijn boek van (stevig) commentaar te voorzien. Gevraagd en ongevraagd speurde Lucas mee naar bronnen die meer licht konden werpen op Mieps leven en dat van haar familie.

Net als bij mijn biografie van de Duitse oorlogsmisdadiger Josef Kotalla kon ik ook voor dit boek een beroep doen op historicus en schrijfster Ria Blom-Hoving. Zij voorzag mijn teksten van kritisch en opbouwend commentaar.

Mijn partner Alien zag een krantenartikel over Miep Oranje in de loop der jaren uitgroeien tot een boek. Ze las de verschillende versies van mijn hoofdstukken nauwgezet en stimuleerde mij net zo lang door te zoeken totdat ik die ene vraag die haar het meeste bezighield, kon beantwoorden: waarom verraadde Miep haar verzetsvrienden?

Amersfoort, maart 2023

Noten

Proloog. 'Miep, waar ben je?'
1 *Het verraad van Miep Oranje*, KRO *Brandpunt*, 3 mei 1996, youtube.com/watch?v=uFlGixXuXxU [Geraadpleegd op 17 januari 2022].
2 Brief Cees Overgaauw en Gerard Klaassen aan M. Wielenga-Quelle (ongedateerd), Historisch Documentatiecentrum voor het Nederlands Protestantisme, Amsterdam, Archief Mink van Rijsdijk, toegangsnummer 1030, inv.nr. 1.
3 Een uitzondering vormt Lucas Bruijn, *Maria Oranje, 6 mei 1923-9 augustus 1944. Een onderzoek naar Maria (Miep) Oranje*, Groningen 2014 [ongepubliceerd].
4 Jan Hof, *Verzet 1940-1945*, Kok: Kampen 2002, p. 117-131; AD *Amersfoortse Courant* 5 mei 2014; Paul van de Water, *Foute vrouwen. Handlangsters van de nazi's in Nederland en Vlaanderen*, Omniboek: Utrecht 2022, p. 118-122.
5 Zie Gerben Dijkstra e.a., *Geesje Bleeker*, Uitgeverij Drenthe: Beilen 2016, p. 280-284; Frits Broeyer, *Het Utrechtse universitaire verzet, 1940-1945. 'Heb je Kafka gelezen?'*, Uitgeverij Matrijs: Utrecht 2014, p. 335-341.
6 NRC *Handelsblad* 2 december 1992; Verslag *Een speurtocht naar Miep Oranje*, 1 augustus 2000, NIOD Nederlands Instituut voor Oor-

logs-, Holocaust- en Genocidestudies, Amsterdam, Onderzoek – Miep Oranje, toegangsnummer 893, inv.nr. 9.

7 *Het verraad van Miep Oranje*, KRO *Brandpunt*, 3 mei 1996, youtube.com/watch?v=uFlGixXuXxU [Geraadpleegd op 17 januari 2022].

1 Een zwijgzaam meisje

1 *De Telegraaf* 8 mei 1923, *De Standaard* 8 mei 1923, *De Zeeuw* 8 mei 1923, *Vlissingsche Courant* 8 mei 1923.

2 *De Zeeuw* 5 januari 1917.

3 P.B. Oranje, *Oranje als burgerlijke familienaam onder het Nederlandse Volk*, Uitgeverij Pirola: Schoorl 1995 (2e herziene editie), p. 83.

4 *De Zeeuw* 16 maart 1889.

5 *Goessche Courant* 23 januari 1896.

6 Cees Paul red., *Verhalen van voor de mast. Herinneringen van Nederlandse schepelingen uit hun zeiltijd*, Stichting Nederlandse Kaap-Hoornvaarders: z.p. 2000, p. 18-19.

7 Dagboek van C.L. Oranje apprentice a/b Eng. Barkschip "Beeswing" (London) van September 1904 tot December 1906 [Van het dagboek is alleen het gedeelte t/m januari 1906 bewaard gebleven], Het Scheepvaartmuseum, Amsterdam.

8 Paul, red., *Verhalen van voor de mast*, p. 23.

9 *Nieuwe Zeeuwsche Courant* 25 augustus 1908.

10 Reizen Cornelis Leendert Oranje, HDC Protestants erfgoed, Van Rijsdijk, toegangsnummer 1030, inv.nr. 1.

11 *Zierikzeesche Nieuwsbode* 13 februari 1911.

12 Geboorteakten Maria van der Vies en Johanna Barbara van der Vies, Burgerlijke Stand Zeeland (1796) 1811-1980, Zeeuws Archief, Middelburg, toegangsnummer 25, inv.nr. VLI-G-1893 en VLI-G-1896.

13 Adresboek der stad Amsterdam voor de jaren 1915-1916, Stadsarchief Amsterdam, toegangsnummer 30274, inv.nr. 73.

14 I.J. Brugmans, *Tachtig jaren varen met de Nederland*, C. de Boer jr.: Den Helder 1950, p. 28.

15 *De Zeeuw* 16 juli 1913.

16 *De Zeeuw* 5 januari 1917; Reizen Cornelis Leendert Oranje, HDC Protestants erfgoed, Van Rijsdijk, toegangsnummer 1030, inv.nr. 1.
17 Barbara Orange Bisset, *Ebenezer*, Peter and John Radio Fellowship: z.p. 1999, p. 1-3.
18 Reizen Cornelis Leendert Oranje, HDC Protestants erfgoed, Van Rijsdijk, toegangsnummer 1030, inv.nr. 1.
19 *De Telegraaf* 8 mei 1923; P.J. van der Ham, *De magie van een gemeentegrens. De veranderingen in het grensgebied tussen Bloemendaal en Haarlem na de annexatie van 1927*, Overveen 2008, p. 28.
20 C.W.D. Vrijland, *Geschiedenis van Bloemendaal en Aerdenhout (Duinlustpark, Bloemendaal-dorp, Overveen, Bentveld en Vogelenzang)*, Schuyt & Co: Haarlem 1975, p. 114-119 en p. 248.
21 *Adresboek voor de gemeente Bloemendaal 1923*, Eikelenboom & Timmer: Santpoort en Bloemendaal 1923, p. 68, p. 73, p. 99 en p. 197.
22 Ab Schuurman, 'Het Bloemendaalse Kopje. De geschiedenis in een notendop', https://web.archive.org/web/20161228131125/http://www.duinlustpark.nl/files/Het_Kopje_v2.pdf [Geraadpleegd op 30 maart 2022]; *Het Bloemendaalsch Weekblad* 7 augustus 1926.
23 Van der Ham, *De magie van een gemeentegrens*, p. 7 en p. 28.
24 *Adresboek van Haarlem 1929/1930*, Uitgeverij Maatschap Haerlem: Haarlem z.j., p. 319.
25 *Het Bloemendaalsch Weekblad* 25 juli 1925.
26 Bouwvergunningen- en constructiedossiers (bouwdossiers/bouwtekeningen) van de gemeente Haarlem, Noord-Hollands Archief, toegangsnummer 2269.03, inv.nr. 2011494517 en 2011494520.
27 E-mail J.M. de Blaey aan Historische Vereniging Soest/Soesterberg 1 maart 2014.
28 E-mail J.M. de Blaey aan Historische Vereniging Soest/Soesterberg 1 maart 2014.
29 Salarissen Cornelis Leendert Oranje, HDC Protestants erfgoed, Van Rijsdijk, toegangsnummer 1030, inv.nr. 1; Brief C.L. Oranje aan A. Metzelaar 23 september 1959, Vereniging van Nederlandse Kaap

Hoornvaarders, 1957-1986, Westfries Archief, toegangsnummer 0618, inv.nr. 199.

30 Gezinskaart Cornelis Leendert Oranje, Archief van het Bevolkingsregister: gezinskaarten 1893-1946 Stadsarchief Amsterdam, toegangsnummer 5422, inv.nr. 1096; Gezinskaart Leendert Oranje, Archief van de Gemeente Nieuwer-Amstel (Amstelveen), Bevolkingsregister 1850-1938, Stadsarchief Amsterdam, toegangsnummer 5503, inv.nr. 483.

31 Gezinskaart Henderina Cornelia Oranje, Bevolkingsregister gemeente Den Haag, Haags Gemeentearchief, toegangsnummer 0354-01, inv.nr. 1318.

32 Gezinskaart Cornelis Leendert Oranje, Archief Gemeentebestuur Soest, 1929-1975, Archief Eemland, Amersfoort, toegangsnummer 911, Gezinskaarten, 1915-1940.

33 Rinke Tolman en Jean Dulieu red., *Soest*, z.p. 1959, p. 25, p. 51 en p. 61-62.

34 Telefoongesprek M. Mellema-Jongsma 3 februari 2022.

35 Burgerlijke Stand van de gemeenten in de provincie Utrecht 1903-1942, Het Utrechts Archief, toegangsnummer 463, aktenummer 97.

36 *De Gooi- en Eemlander* 15 april 1998; *De Gooi- en Eemlander* 5 mei 1990.

37 Verklaring Wierda, HDC Protestants erfgoed, Van Rijsdijk, toegangsnummer 1030, inv.nr. 1.

38 Gezinskaart Leendert Oranje, Archief van de Gemeente Nieuwer-Amstel (Amstelveen), Bevolkingsregister 1850-1938, Stadsarchief Amsterdam, toegangsnummer 5503, inv.nr. 483; Gezinskaart Cornelis Leendert Oranje, Archief Eemland, Amersfoort, Gemeentebestuur Soest, 1929-1975, toegangsnummer 911, Gezinskaarten 1915-1940.

39 *De Gooi- en Eemlander* 5 mei 1990; Archiefkaart Henderina Cornelia Oranje, Inventaris van het Archief van het Bevolkingsregister Amsterdam, toegangsnummer 30238, inv.nr. 1139.

40 Politierapporten '40-'45, Stadsarchief Amsterdam, toegangsnummer 5225, inv.nr. 6737.

41 'De school aan de Driehoeksweg', www.verdwenensoest.nl [Geraadpleegd op 6 september 2022]; *De Soester* 1 april 1931.

42 Interview Ans van Dalen-Hornsveld, 24 februari 2022.

43 *De Gooi- en Eemlander* 11 april 1986; Geke van de Merwe-Wouters, *Soest onder vuur*, Boekhandel Van de Ven: Soest 2001, p. 63.

44 *Soester Nieuwsblad* 16 april 1937; *De Soester Courant* 23 april 1937.

45 *Soester Nieuwsblad* 16 april 1937; Gezinskaart Oranje, Archief Eemland, Gemeentebestuur Soest, 1929-1975, toegangsnummer 911, Gezinskaarten 1915-1940.

46 Hugh Thomas, *De Spaanse Burgeroorlog*, Anthos/Standaard: Amsterdam en Antwerpen 2006, p. 221-222; *Arnhemsche Courant* 19 april 1937.

47 https://doverhistorian.com/2018/09/08/charles-dickens-and-dover/ [geraadpleegd 2 april 2022]; *Pike's Dover and district 1938-1939*, Garnett, Mepham & Fisher: Brighton 1938, p. 51.

48 *Nieuwe Venlosche Courant* 9 augustus 1937.

49 *De Telegraaf* 15 januari 1938.

50 Thomas, *De Spaanse* Burgeroorlog, p. 571; *Algemeen Handelsblad* 12 januari 1938.

51 Gezinskaart Oranje, Archief Eemland, Gemeentebestuur Soest, 1929-1975, toegangsnummer 911, Gezinskaarten 1915-1940.

52 Brief C.L. Oranje aan A. Metzelaar, 23 september 1959, Vereniging van Nederlandse Kaap Hoornvaarders, 1957-1986, Westfries Archief, toegangsnummer 0618, inv.nr. 199.

53 Henk Gerth e.a. red., *Soest in oorlogstijd*, Soest 1995, p. 8; *Drentse Courant* 15 april 1998.

54 Verklaring Wierda, HDC Protestants erfgoed, Van Rijsdijk, toegangsnummer 1030, inv.nr. 1.

55 Van de Merwe-Wouters, *Soest onder vuur*, p. 9.

56 E.H. Brongers, *De gebroken vleugel van de Duitse adelaar. Inven-

tarisatie van de Duitse verliezen in de luchtoorlog van mei 1940 boven Nederland, Aspekt: Soesterberg 2010, p. 30.

57 Bijzondere Aanwijzingen betreffende den afvoer van de bevolking en vee uit de gemeente Soest, Archief Eemland, Amersfoort, Gemeentebestuur Soest, 1929-1975, toegangsnummer 0911, inv.nr. 2161.

58 Van de Merwe-Wouters, *Soest onder vuur*, p. 13-15.

59 Van de Merwe-Wouters, *Soest onder vuur*, p. 22.

60 *De Soester Courant* 5 mei 1945 (herdruk).

61 Brief C.L. Oranje aan A. Metzelaar 23 september 1959, Vereniging van Nederlandse Kaap Hoornvaarders, 1957-1986, Westfries Archief, toegangsnummer 0618, inv.nr. 199.

62 Examenuitslagen vanaf 1934, Archief Griftland College, Soest; *De Soester Courant* 26 juli 1940.

63 Frits Booy, Gerard Brouwer en Bert Natter, *Als de morgenglans. Het Baarnsch Lyceum 1919-2004*, Het Baarnsch Lyceum: Baarn 2009 (tweede aangevulde druk), p. 307-310.

64 Leerplan, adressen van bestuur en docenten, namen van leerlingen, boekenlijst, enz. 1941-1942, Archief Het Baarnsch Lyceum, Baarn.

65 *De Gooi- en Eemlander* 3 mei 1996.

66 *Soester Courant* 23 april 2018; Frits Booy, Gerard Brouwer en Bert Natter, *Als de morgenglans. Het Baarnsch Lyceum: Baarn 1919-2004*, Het Baarnsch Lyceum: Baarn 2004, p. 15-17 en p. 23-24.

67 Booy, Brouwer en Natter, *Als de morgenglans*, p. 158.

68 Booy, Brouwer en Natter, *Als de morgenglans*, p. 159-160.

69 Leerplan, adressen van bestuur en docenten, namen van leerlingen, boekenlijst, enz. 1942-1943, Archief Het Baarnsch Lyceum, Baarn.

70 Rapport van Maria Oranje; Eindexamen hbs A Cijferlijsten, Archief Het Baarnsch Lyceum, Baarn.

71 Sander van Walsum, *Ook al voelt men zich gewond. De Utrechtse universiteit tijdens de Duitse bezetting 1940-1945*, Universiteit Utrecht: Utrecht 1995, p. 11.

72 Broeyer, *Het Utrechtse universitaire verzet*, p. 47-51; Van Walsum, *Ook al voelt men zich gewond*, p. 30-31.
73 Broeyer, *Het Utrechtse universitaire verzet*, p. 57-58.
74 Ben de Pater, *Een tempel der kaarten. Negentig jaar geografiebeoefening aan de Universiteit Utrecht*, Universiteit Utrecht: Utrecht 1999, p. 102.
75 Paulina de Jong e.a. red., *Wereldtijd. Lustrumboek Vereniging van Utrechtse Geografiestudenten. xve lustrum 1997*, VUGS: Utrecht 1997, p. 17-18; H.M. van der Weyde-Oudenaarden aan De Jongste 2 april 1996, HDC Protestants erfgoed, Van Rijsdijk, toegangsnummer 1030, inv.nr. 1.
76 Broeyer, *Het Utrechtse universitaire verzet*, p. 94-95.
77 Van Walsum, *Ook al voelt men zich gewond*, p. 102-103; De Pater, *Een tempel der kaarten*, p. 82-83.
78 Jeroen Kemperman, *Oorlog in de collegebanken. Studenten in verzet 1940-1945*, Boom: Amsterdam 2018, p. 142.
79 Van Walsum, *Ook al voelt men zich gewond*, p. 111-113; Kemperman, *Oorlog in de collegebanken*, p. 159-160.
80 Broeyer, *Het Utrechtse universitaire verzet*, p. 171-172; Van Walsum, *Ook al voelt men zich gewond*, p. 112.
81 Van Walsum, *Ook al voelt men zich gewond*, p. 125.

2 Koerierster voor het verzet

1 *De Gooi- en Eemlander* 5 mei 1990; *Het verraad van Miep Oranje*, KRO *Brandpunt*, 3 mei 1996, youtube.com/watch?v=uFlGixXuXxU [Geraadpleegd op 19 januari 2021].
2 *De Gooi- en Eemlander* 5 mei 1990.
3 *Soest Nu* 30 april 1997; *De Gooi- en Eemlander* 5 mei 1990.
4 *Het Grote Gebod. Gedenkboek van het verzet in LO en LKP*, Kok: Kampen 1989 (vierde druk), p. 238.
5 *De Gooi- en Eemlander* 5 mei 1990.
6 Familiekrant Hornsveld april 2005, zie: https://www.groenegraf.nl/fotodetail.php?id=2630 [geraadpleegd 9 juni 2022].

7 Van de Merwe-Wouters, *Soest onder vuur*, p. 51.
8 Theo Gerritse, *Rauter. Himmlers vuist in Nederland*, Boom: Amsterdam 2018, p. 378.
9 Elias van der Plicht, *1943. Onderdrukking en verzet*, Spectrum en NIOD: Amsterdam en Houten 2018, p. 12.
10 Van de Merwe-Wouters, *Soest onder vuur*, p. 42-44.
11 L. de Jong, *Het Koninkrijk der Nederlanden in de Tweede Wereldoorlog, deel 10b*, Martinus Nijhoff: Den Haag 1981, p. 744-746.
12 Bob de Graaff en Lidwien Marcus, *Kinderwagens & Korsetten. Een onderzoek naar de sociale achtergrond van vrouwen in het verzet, 1940-1945*, Bert Bakker: Amsterdam 1980, p. 45-46.
13 De Graaff en Marcus, *Kinderwagens & Korsetten*, p. 97.
14 Voor een uitgebreid overzicht van vrouwen in diverse soorten van verzet, zie: De Graaff en Marcus, *Kinderwagens & Korsetten*, p. 61-93.
15 Marjan Schwegman, *De wapens van het verzet. Geweld, geweldloosheid en gender in de strijd tegen onderdrukking en vervolging*, NIOD: Amsterdam 2016, p. 6-7.
16 Marjan Schwegman, *Het stille verzet. Vrouwen in illegale organisaties, Nederland 1940-1945*, SUA: Amsterdam 1980, p. 29.
17 Schwegman, *De wapens van het verzet*, p. 5; Schwegman, *Het stille verzet*, p. 30.
18 De Graaff en Marcus, *Kinderwagens & Korsetten*, p. 13-14.
19 Bas von Benda-Beckmann, *Het Oranjehotel. Een Duitse gevangenis in Scheveningen,* Em. Querido's Uitgeverij: Amsterdam en Antwerpen 2019, p. 36 en 50.
20 Marieke Meeuwenoord, *Het leven is hier een wereld op zichzelf. De geschiedenis van Kamp Vught*, De Bezige Bij: Amsterdam 1994, p. 201.
21 Von Benda-Beckmann, *Het Oranjehotel*, p. 61.
22 Von Benda-Beckmann, *Het Oranjehotel*, p. 7-8.
23 Jessica van Geel, *Truus van Lier. Het leven van een verzetsvrouw*, Thomas Rap: Amsterdam 2022, p. 327-328.
24 Liesbeth Hoeven en Astrid de Beer, *Haar verhaal. Het verzet van*

Tilburgse vrouwen in de Tweede Wereldoorlog, Gianotten Printed Media: Tilburg 2019, p. 81-82.

25 Th.A. Boeree, *Kroniek van Ede gedurende de bezettingstijd*, J. Frouws en Zoon: Ede z.j., p. 218-220.

26 Ger Harmsen, *Rondom Daan Goulooze. Uit het leven van kommunisten*, SUN: Nijmegen 1980, p. 147; Dossier '43-'45 persoonlijke verbindingen, Gesprek met V.d. Meer, aantekeningen A. Veltman, Internationaal Instituut voor Sociale Geschiedenis (IISG), Amsterdam, Archief CPN, inv.nr. 807.

27 Harmsen, *Rondom Daan Goulooze*, p. 195; Memoires Co Dankaart, Internationaal Instituut voor Sociale Geschiedenis (IISG), Amsterdam, Archief Ger Harmsen, inv.nr. 868.

28 *Amersfoortse Courant/Veluws Dagblad* 21 september 1974.

29 Verklaring Alma Martin, Proces-verbaal van verhoor van getuigen contra Maria Oranje, 30 december 1948, Nationaal Archief, Den Haag (NL-HaNA), Ministerie van Justitie: Centraal Archief van de Bijzondere Rechtspleging (CABR), toegangsnummer 2.09.09, inv.nr. 13450.

30 Ronald Schalekamp red., *Willem Lengton. De Zwolse verzetsheld, leider van de knokploeg Soest*, Persbureau Zwolle: Zwolle 2007, p. 23.

31 Schalekamp red., *Willem Lengton*, p. 20.

32 Schalekamp red., *Willem Lengton*, p. 29-31.

33 Schalekamp red., *Willem Lengton*, p. 20-22.

34 Schalekamp red., *Willem Lengton*, p. 40.

35 Herman Münninghoff, *In de barning der tijden*, p. 29-33, Collectie Historische Kring Baerne, Baarn.

36 www.sint-elisabeth.nl/lagevuursche/index.html [geraadpleegd op 2 maart 2021].

37 Münninghoff, *In de barning der tijden*, p. 33-41.

38 Münninghoff, *In de barning der tijden*, p. 50-51.

39 Münninghoff, *In de barning der tijden*, p. 51-52 en p. 61.

40 Münninghoff, *In de barning der tijden*, p. 68.

41 Münninghoff, *In de barning der tijden*, p. 70; Wim Velthuizen,

Baarn in de Tweede Wereldoorlog... terugblik: 1940-1945, Stichting Groenegraf.nl: Baarn 2017, p. 40.

42 Münninghoff, *In de barning der tijden*, p. 74-75; e-mail Ed Lessing aan auteur, 20 april 2020.

43 Münninghoff, *In de barning der tijden*, p. 76.

44 Münninghoff, *In de barning der tijden*, p. 58-59.

45 Münninghoff, *In de barning der tijden*, p. 64, 91 en 188.

46 Münninghoff, *In de barning der tijden*, p. 65-66.

47 Münninghoff, *In de barning der tijden*, p. 91.

48 Münninghoff, *In de barning der tijden*, p. 61.

49 Münninghoff, *In de barning der tijden*, p. 107.

50 P.C. Meijer, *Luchtoorlog rondom Den Ham*, Oudheidkundige vereniging Den Ham/Vroomshoop: Den Ham en Vroomshoop 1995, p. 30-31.

51 Münninghoff, *In de barning der tijden*, p. 108-109; Eddy de Paepe, 'Ondergronds in Het Duikje', in: Dagblad De Gooi- en Eemlander/Dagblad van Almere red., *Over Leven. Herinneringen aan de oorlogsjaren 1940-1945 in Gooi, Eemland en Vechtstreek*, Schuyt & Co: Haarlem 1995, p. 13-21.

52 Interview Harold Sydney Hobday, 13 december 1983, Imperial War Museum, iwm.org.uk/collections/item/object/80007101 [geraadpleegd 3 maart 2021]; Münninghoff, *In de barning der tijden*, p. 129.

53 Interview Hobday, Imperial War Museum, iwm.org.uk/collections/item/object/80007101.

54 Münninghoff, *In de barning der tijden*, p. 146.

55 Brief H.F.M. Münninghoff aan Eddie Lessing, 21 februari 2000, United States Holocaust Memorial Museum, Washington D.C., Lessing family papers, Lessing, Ed, 1992-2007.

56 Münninghoff, *In de barning der tijden*, p. 145-146.

57 Münninghoff, *In de barning der tijden. Bijlage*, p. 48.

58 Münninghoff, *In de barning der tijden*, p. 147.

59 Münninghoff, *In de barning der tijden*, p. 148-151.

60 Aircrew chronicles Fred Sutherland, Bomber Command Museum of Canada, Nanton, bombercommandmuseum.ca/chronicles/

fred-sutherland-the-last-canadian-dambuster/ [geraadpleegd 3 maart 2021]; Interview Hobday, Imperial War Museum, iwm.org.uk/collections/item/object/80007101.

61 Sutherland, Bomber Command Museum of Canada, Nanton, bombercommandmuseum.ca/chronicles/fred-sutherland-the-last-canadian-dambuster/.

62 *Enquêtecommissie Regeringsbeleid 1940-1945, deel 7c*, Staatsdrukkerij- en Uitgeverijbedrijf: 's-Gravenhage 1955, p. 231; Verklaring Maria Oranje over Dirk van der List, 14 februari 1944, NIOD, Generalkommissariat für Verwaltung und Justiz, toegangsnummer 020, Proces-dossier van het Polizei-Standgericht te Amsterdam over de berechting van C.M.J.M. Burger e.a., inv.nr. 7828.

63 Harmsen, *Rondom Daan Goulooze*, p. 212-215.

64 J. 'Richard' van der Gaag, *Verzetsstrijder en diplomaat*, A.J.G. Strengholt's Boeken: Naarden 1984, p. 26.

65 Verklaring Oranje over Van der List, 14 februari 1944, NIOD, Generalkommissariat für Verwaltung und Justiz, toegangsnummer 020, inv.nr. 7828.

66 Van der Gaag, *Verzetsstrijder en diplomaat*, p. 26-27.

67 In zijn verhoor voor de enquêtecommissie die na de bevrijding het regeringsbeleid in de oorlogsjaren onderzocht, situeert Van der Gaag de ontmoeting met de Raad van Verzet in Bussum en is het niet Miep Oranje maar de Joodse verzetsman Carl Cahn die hem in contact bracht met Kleisen. *Enquêtecommissie Regeringsbeleid 1940-1945, deel 7c*, p. 231-232.

68 *De Gooi- en Eemlander* 5 mei 1990.

69 Interview Mariëtte Stork, Visual History Archive, USC Shoah Foundation Institute, nr. 24969 [Gezien in Joods Museum, Amsterdam 4 oktober 2022].

70 Notitie tel.gespr. met de heer Jaarsveld, 10 juli '98, HDC Protestants erfgoed, Van Rijsdijk, 1030, inv.nr. 1.

71 Mink van Rijsdijk aan George de Jongste, 12 augustus en 25 augustus 1998, NIOD, M. Oranje, toegangsnummer 893, inv.nr. 7.

72 Dossier '43-'45 persoonlijke verbindingen, Byzonderheden over J. van der Gaag medegedeeld door Gerben, maart 1950, IISG, Archief CPN, inv.nr. 807.

73 Verklaring B. Kalf, Proces-verbaal van verhoor van getuigen contra Maria Oranje, 30 december 1948, NL-HaNA, Justitie/CA Bijzondere Rechtspleging, 2.09.09, inv.nr. 13450.

74 Verklaring Maria Oranje over Cornelis (Jan) Karman, 14 februari 1944, NIOD, Generalkommissariat für Verwaltung und Justiz, toegangsnummer 020, inv.nr. 7828.

75 Velthuizen, *Baarn in de Tweede Wereldoorlog*, p. 32-33.

76 Münninghoff, *In de barning der tijden*, p. 181-182; Proces-verbaal opgemaakt door M. Oskam, 1 december 1946, Nationaal Archief, Den Haag (NL-HaNA), Ministerie van Justitie: Commissies tot Opsporing van Oorlogsmisdadigers (COOM), toegangsnummer 2.09.61, inv.nr. 1337.

77 Münninghoff, *In de barning der tijden*, p. 201-203.

78 Verslag van de inval in het Sint Elisabeth Klooster te Lage Vuursche op 29 december 1943 waarbij moeder-overste zuster Marie Matthea-Euphemia de Beer werd gearresteerd, NIOD, Dossier Kerkelijk verzet-Rooms Katholieke Kerk, toegangsnummer 249-A0375J, inv.nr. 263; Münninghoff, *In de barning der tijden*, p. 208-209.

79 Verslag van de inval in het Sint Elisabeth Klooster te Lage Vuursche op 29 december, NIOD, Dossier Kerkelijk verzet-Rooms Katholieke Kerk, toegangsnummer 249-A0375J, inv.nr. 263.

80 Verklaring M. Oskam 1 december 1946, NL-HaNA, Cie. Opsporing Oorlogsmisdadigers, toegangsnummer 2.09.61, inv.nr. 1337.

81 In de slotaflevering van een serie krantenartikelen die kort na de oorlog over Het Duikje verschijnt, wordt gesteld dat Miep Oranje Duitse uniformen bij zich heeft die zijn gebruikt voor een overval. Dit wordt niet door andere bronnen bevestigd, NIOD, M. Oranje, toegangsnummer 893, inv.nr. 1.

82 Verslag van de inval in het Sint Elisabeth Klooster te Lage Vuur-

sche op 29 december, NIOD, Dossier Kerkelijk verzet-Rooms Katholieke Kerk, toegangsnummer 249-A0375J, inv.nr. 263.

3 In de klauwen van de Duitsers
1   Verklaring M. Oskam 1 december 1946, NL-HaNA, Cie. Opsporing Oorlogsmisdadigers, toegangsnummer 2.09.61, inv.nr. 1337.
2   Verslag van de inval in het Sint Elisabeth Klooster te Lage Vuursche op 29 december 1943, NIOD, Dossier Kerkelijk verzet-Rooms Katholieke Kerk, toegangsnummer 249-A0375J, inv.nr. 263; Jan Oranje aan zijn verloofde Henny Buijtelaar, 30 januari 1944, privéarchief Jan Oranje.
3   https://www.gerritkorenberg.nl/huis-van-bewaring-ii-amsterdam/ [geraadpleegd op 2 oktober 2022]; De gevangenis aan de Havenstraat (te Nieuwer-Amstel), Noord-Hollands Archief, Archieven van het College van Regenten over en de directies van gevangenissen te Amsterdam, 1815-1978, toegangsnummer 313, inv. nr. 2.2.7.
4   Tini Visser, *Jaren van verduistering. Bezettingstijd in Amstelveen*, Walburg Pers: Zutphen 2008 (tweede druk), p. 227-228.
5   Jan Oranje aan zijn verloofde Henny Buijtelaar, 30 januari 1944, Privéarchief Jan Oranje; Visser, *Jaren van verduistering*, p. 228.
6   Verklaring Wierda, HDC Protestants erfgoed, Van Rijsdijk, toegangsnummer 1030, inv.nr. 1.
7   Het adres Zandvoortlaan 13 is later omgedoopt in Eikenweg 15.
8   Duplicaat vrachtbrief 2 november 1943, Proces-dossier van het Polizei-Standgericht te Amsterdam over de berechting van C.M.J.M. Burger e.a., NIOD, Generalkommissariat für Verwaltung und Justiz, toegangsnummer 020, inv.nr. 7828.
9   https://groenegraf.blogspot.com/2016/01/dirk-van-der-list-oorlogsslachtoffer.html [geraadpleegd 13 juni 2022].
10 Verklaring Willy Lages, Proces-verbaal van verhoor van getuigen contra Maria Oranje, 30 december 1948, NL-HaNA Justitie/CA Bijzondere Rechtspleging, 2.09.09, inv.nr. 13450.

11 Lucas Bruijn, *Herbert Oelschlägel. De mythe, de man,* Groningen 2010 [ongepubliceerd onderzoek], p. 8-12.
12 Marnix Croes en Peter Tammes, *'Gif laten wij niet voortbestaan'. Een onderzoek naar de overlevingskansen van joden in de Nederlandse gemeenten, 1940-1945,* Aksant: Amsterdam 2006 (tweede druk), p. 141.
13 Verklaring Lages, Proces-verbaal van verhoor van getuigen contra Maria Oranje, 30 december 1948, NL-HaNA, Justitie/CA Bijzondere Rechtspleging, 2.09.09, inv.nr. 13450.
14 Dijkstra e.a., *Geesje Bleeker,* p. 275-276.
15 Verklaringen Willy Lages en Friederich Christian Viebahn, Proces-verbaal van verhoor van getuigen contra Maria Oranje, 30 december 1948, NL-HaNA, Justitie/CA Bijzondere Rechtspleging, 2.09.09, inv.nr. 13450.
16 Tineke Wibaut-Guilonard, *Zo ben je daar. Kampervaringen,* Uitgeverij Ploegsma: Amsterdam 1983, p. 26.
17 D.L.G. Wakker, *Dit gebeurde in de Weteringschans,* Het Wereldvenster: Amsterdam 1951, p. 107-108.
18 Bruijn, *Herbert Oelschlägel,* p. 34.
19 Sytze van der Zee, *Vogelvrij. De jacht op de Joodse onderduiker,* De Bezige Bij: Amsterdam 2010, p. 404-405.
20 Bruijn, *Herbert Oelschlägel,* p. 35.
21 Wibaut-Guilonard, *Zo ben je daar. Kampervaringen,* p. 29-32.
22 *Het Grote Gebod,* p. 98.
23 De datum van haar arrestatie die Maria (Marie) Oranje-van Leeuwen na de oorlog opgeeft, 28 december 1943, kan niet kloppen omdat Miep pas op 29 december in Lage Vuursche is gearresteerd. Nationaal Archief, Den Haag (NL-HaNA), Het Nederlandse Rode Kruis-Opgave Representanten (OR) formulieren, nummer toegang 2.19.304, inv.nr. 10; E-mails M. Mellema-Jongsma aan auteur, 14 en 15 februari 2022.
24 Familielid Jan Oranje aan Henny Buijtelaar, 9 januari 1944, Privéarchief Jan Oranje.
25 Verklaring Lages, Proces-verbaal van verhoor van getuigen con-

tra Maria Oranje, 30 december 1948, NL-HaNA, Justitie/CA Bijzondere Rechtspleging, 2.09.09, inv.nr. 13450.
26 Jan Aarts, Frits Hoogewoud en Chris Kooyman, 'Ex libris in exil. Duits-joodse vluchtelingen in Nederland 1933-1940', in: *Uitgelezen boeken* (14) 2011, nr. 2/3, p. 23-71; Joan Bruineman, *Metterdaad. Vijf jaar onderdrukking en verzet in Bussum*, Uitgeverij Walden: Bussum 1985, p. 56-58.
27 *Provinciale Overijsselsche en Zwolsche Courant* 20 maart 1942.
28 *De Telegraaf* 12 mei 1942.
29 Aarts, Hoogewoud en Kooyman, 'Ex libris in exil. Duits-joodse vluchtelingen in Nederland 1933-1940', in: *Uitgelezen boeken* (14) 2011, nr. 2/3, p. 23-71; Verklaring Carl Cahn, Proces-verbaal van verhoor van getuigen contra Maria Oranje, 30 december 1948, NL-HaNA, Justitie/CA Bijzondere Rechtspleging, 2.09.09, inv.nr. 13450.
30 Verklaring Alma Martin, Proces-verbaal van verhoor van getuigen contra Maria Oranje, 30 december 1948, NL-HaNA, Justitie/CA Bijzondere Rechtspleging, 2.09.09, inv.nr. 13450.
31 Verklaring Maria van Westreenen, Proces-verbaal van verhoor van getuigen contra Maria Oranje, 30 december 1948, NL-HaNA, Justitie/CA Bijzondere Rechtspleging, 2.09.09, inv.nr. 13450.
32 Verklaringen Alma Martin en Oscar Garschagen, Proces-verbaal van verhoor van getuigen contra Maria Oranje, 30 december 1948, NL-HaNA, Justitie/CA Bijzondere Rechtspleging, 2.09.09, inv.nr. 13450.
33 Verklaringen Alma Martin en Oscar Garschagen, Proces-verbaal van verhoor van getuigen contra Maria Oranje, 30 december 1948, NL-HaNA, Justitie/CA Bijzondere Rechtspleging, 2.09.09, inv.nr. 13450.
34 *Het Rechtsfront* 1 augustus 1944.
35 Verklaringen Jan Kanis en Willem Driebergen, Proces-verbaal van verhoor van getuigen contra Maria Oranje, 30 december 1948, NL-HaNA, Justitie/CA Bijzondere Rechtspleging, 2.09.09, inv.nr. 13450.
36 Proces-dossier van het Polizei-Standgericht te Amsterdam over de berechting van C.M.J.M. Burger e.a., NIOD, Generalkommissariat für Verwaltung und Justiz, toegangsnummer 020, inv.nr. 7828.

37 Proces-dossier van het Polizei-Standgericht te Amsterdam over de berechting van C.M.J.M. Burger e.a., NIOD, Generalkommissariat für Verwaltung und Justiz, toegangsnummer 020, inv.nr. 7828.
38 Van de Merwe-Wouters, *Soest onder vuur*, p. 70.
39 Geraldien von Frijtag Drabbe Künzel, *Het recht van de sterkste. Duitse rechtspleging in bezet Nederland*, Uitgeverij Bert Bakker: Amsterdam 1999, p. 181-184 en p. 197-200.
40 Ad van Liempt, *Gemmeker. Commandant van Westerbork*, Balans: Amsterdam 2019, p. 53-54.
41 Verklaring Friederich Christian Viebahn, Proces-verbaal van verhoor van getuigen contra Maria Oranje, 30 december 1948, NL-HaNA, Justitie/CA Bijzondere Rechtspleging, 2.09.09, inv.nr. 13450.
42 Von Frijtag Drabbe Künzel, *Het recht van de sterkste*, p. 104-105.
43 Proces-dossier van het Polizei-Standgericht te Amsterdam over de berechting van C.M.J.M. Burger e.a., NIOD, Generalkommissariat für Verwaltung und Justiz, toegangsnummer 020, inv.nr. 7828.
44 *Zeister Nieuwsbode* 20 september 1953.
45 Schalekamp red., *Willem Lengton*, p. 47.
46 Schalekamp red., *Willem Lengton*, p. 42.
47 Dossier '43-'45 persoonlijke verbindingen, Gesprek met V.d. Meer, aantekeningen A. Veltman, IISG, Archief CPN, inv.nr. 807; Korte biografie op verzoek van Ab. Veltman, namens P.B., IISG, Archief Harmsen, inv.nr. 650.
48 *Het verraad van Miep Oranje*, KRO *Brandpunt*, 3 mei 1996, youtube.com/watch?v=uFlGixXuXxU [Geraadpleegd op 20 mei 2021].
49 Interview Mariëtte Stork, Visual History Archive, USC Shoah Foundation Institute, nr. 24969 [Gezien in Joods Museum, Amsterdam 4 oktober 2022].
50 *De Gooi- en Eemlander* 5 mei 1990; *Soest Nu* 30 april 1997.
51 Verklaring Johan Willem Quelle, Proces-verbaal van verhoor van getuigen contra Maria Oranje, 30 december 1948, NL-HaNA, Justitie/CA Bijzondere Rechtspleging, 2.09.09, inv.nr. 13450.
52 *De Gooi- en Eemlander* 5 mei 1990.

53 *Trouw* 16 november 2013.
54 NL-HaNA, Ned. Rode Kruis-Opgave Representanten (OR) formulieren, toegangsnummer 2.19.304, inv.nr. 10.
55 Inger Schaap, *Sluipmoordenaars. De Silbertanne-moorden in Nederland 1943-1944*, Just Publishers: Hilversum 2010, p. 125-128.
56 AD *Amersfoortse Courant* 5 mei 2014; *Amersfoortse Courant/ Veluws Dagblad* 30 april 1998.
57 Verklaring Cornelis Brouwer, Proces-verbaal van verhoor van getuigen contra Maria Oranje, 30 december 1948, NL-HaNA, Justitie/CA Bijzondere Rechtspleging, 2.09.09, inv.nr. 13450.
58 Schaap, *Sluipmoordenaars. De Silbertanne-moorden in Nederland 1943-1944*, p. 29-30 en p. 82-88.
59 Gerth e.a. red., *Soest in oorlogstijd*, p. 59-61.
60 G.C. Hovingh, *Johannes Post. Exponent van het verzet*, Kok: Kampen 1999, p. 371-375 (tweede druk).
61 C.M. Schulten, *'En verpletterend wordt het juk'. Verzet in Nederland 1940-1945*, Sdu Uitgeverij: Den Haag 1995, p. 190.
62 Gerritse, *Rauter*, p. 420-421.
63 Eppo Kuipers, *Er was zoveel werk nog te doen... Tante Riek en oom Piet in de jaren '40-'45*, Vereniging 'Het Museum': Winterswijk 1998, p. 29-30 en p. 37-41.
64 L. de Jong, *Het Koninkrijk der Nederlanden in de Tweede Wereldoorlog, deel 7*, Martinus Nijhoff: Den Haag 1976, p. 737 en p. 762.
65 'Historie Edith', Teus van Vliet 6.12.46, NIOD, Collectie personen, M. Oranje, toegangsnummer 248, inv.nr. 1274B.
66 Verklaring Teunis van Vliet, Proces-verbaal van verhoor van getuigen contra Maria Oranje, 30 december 1948, NL-HaNA, Justitie/CA Bijzondere Rechtspleging, 2.09.09, inv.nr. 13450.
67 *Het Grote Gebod*, p. 94-97; Verklaring Peterus Johannes Franciscus Kool, Proces-verbaal van verhoor van getuigen contra Maria Oranje, 30 december 1948, NL-HaNA, Justitie/CA Bijzondere Rechtspleging, 2.09.09, inv.nr. 13450.
68 J.W. de Blij, *Oorlog en Verzet in de Prinsenstad 1940-1945. Een*

overzicht van de gebeurtenissen in Delft in en rond de bezettingstijd, De Blij: Delft 2013, p. 307-308 [derde uitgebreide editie].

69 C.M. van Driel, 'Ds. Bert Fokkema overleefde verzet niet', *De Waarheidsvriend. Wekelijkse uitgave van de Gereformeerde Bond*, 1 mei 2017, https://dewaarheidsvriend.nl/artikelen/ds-bert-fokkema-overleefde-verzet-niet [Geraadpleegd op 3 juni 2021].

70 M.J. van Dam, *Gouda in de Tweede Wereldoorlog*, Eburon: Delft 2006 (tweede herziene druk), p. 123-126.

71 Kees Popijus, 'Jeanne Berkelaar: koerierster', *Swindregt Were* (34) 2020, nr. 1, p. 40-45.

72 *Het Grote Gebod*, p. 98.

73 Jos Engels e.a., 'Leden van het verzet, afkomstig uit Leidschendam of Voorburg, omgekomen tijdens de Tweede Wereldoorlog', in: *Historisch Voorburg* (21) 2015, nr. 1/2, p. 180-234; Proces-verbaal Johanna Frederika Boon, 23 april 1947, NL-HaNA, Justitie/CA Bijzondere Rechtspleging, 2.09.09, inv.nr. 13450.

74 Arnold Karskens, *Het beestmensch. De jacht op Nedernazi Klaas Carel Faber*, Uitgeverij Augustus: Amsterdam 2012, p. 78-81; P. Wijbenga, *Bezettingstijd in Friesland. II Met de rug tegen de muur*, De Tille: Leeuwarden 1975, p. 278-281.

75 Brief van Henk Das ('Ruurd') aan Teus van Vliet ('Hugo') over verscheidene zaken die, naar de opvatting van Ruurd, niet goed zijn georganiseerd, [1944], Het Utrechts Archief, Collectie Utrechts verzet, toegangsnummer 650, inv.nr. 29-a.

76 *Het Grote Gebod*, p. 98-101.

77 Kuipers, *Er was zoveel werk nog te doen...* p. 68.

78 Dick Kaajan, 'Nieuw licht op arrestatie en bevrijding van Frits de Zwerver in mei 1944', in: Perry Pierik en Bert van Nieuwenhuizen, *Elfde Bulletin van de Tweede Wereldoorlog*, Soesterberg 2012, p. 251-324.

79 *Het Grote Gebod*, p. 101 en 186.

80 *Het Grote Gebod*, p. 97.

81 Verklaring Lages, Proces-verbaal van verhoor van getuigen con-

tra Maria Oranje, 30 december 1948, NL-HaNA, Justitie/CA Bijzondere Rechtspleging, 2.09.09, inv.nr. 13450.
82 Van der Zee, *Vogelvrij*, p. 109.
83 Erik Schaap, *De verraadster. Franci Siffels, de verzetsvrouw die overliep*, Alfabet Uitgevers: Amsterdam 2022, p. 101-104.
84 Uitzending van KRO *Brandpunt*, 3 mei 1996, youtube.com/watch?v=uFlGixXuXxU [Geraadpleegd op 20 mei 2021].
85 'Historie Edith', Teus van Vliet 6.12.46, NIOD, Collectie personen, M. Oranje, toegangsnummer 248, inv.nr. 1274B.
86 Verklaring C.L. Oranje, 30 augustus 1954, Nachtragsblatt zur Registrierung der Vermißten im März 1950, Nationaal Archief, Den Haag, Het Nederlandse Rode Kruis-Informatiebureau: Persoonsdossiers, nummer toegang 2.19.288, inv.nr. 64923.

4 Verdwenen in het niets

1 Redactie Gooi, Vecht en Eemland, 'Dorpen en steden bevrijd', in: Dagblad De Gooi- en Eemlander/Dagblad van Almere red., *Over Leven*, p. 152.
2 Van de Merwe-Wouters, *Soest onder vuur*, p. 131-132.
3 *De Soester Courant* 11 mei 1945.
4 Gerth e.a. red., *Soest in Oorlogstijd*, p. 99-103.
5 *Het verraad van Miep Oranje*, KRO *Brandpunt*, 3 mei 1996, youtube.com/watch?v=uFlGixXuXxU [Geraadpleegd op 19 januari 2021].
6 *De Soester Courant* 7 september 1945; De *Sterbeurkunde* die na de oorlog wordt opgesteld, vermeldt als datum van overlijden 22 januari 1945, https://oorlogsgravenstichting.nl/persoon/124440/arend-quelle [geraadpleegd 13 december 2021].
7 *Soest Nu* 30 april 1997.
8 Van de Merwe-Wouters, *Soest onder vuur*, p. 138-139.
9 Richard Hoving, *Het 'foute' kamp. De geschiedenis van het Amersfoortse interneringskamp Laan 1914 [1945-1946]*, Ad. Donker: Rotterdam 2011, p. 69-70; *De Soester Courant* 5 mei 1945.

10 Rapport H.J.Chr. van Vulpen 21 oktober 1947, Nationaal Archief, Den Haag, Ministerie van Justitie: Directoraat-Generaal Bijzondere Rechtspleging, Personeelsdossiers, toegangsnummer 2.09.70, inv.nr. 20574.

11 Proces-verbaal van aangifte contra Miep Oranje, 8 september 1945, NL-HaNA, Justitie/CA Bijzondere Rechtspleging, 2.09.09, inv. nr. 13450; Proces-verbaal van verhoor van getuigen contra Maria Oranje, 30 december 1948, NL-HaNA, Justitie/CA Bijzondere Rechtspleging, 2.09.09, inv.nr. 13450.

12 De Jong, *Het Koninkrijk der Nederlanden, deel 10b*, p. 385-386.

13 De Jong, *Het Koninkrijk der Nederlanden, deel 10b*, p. 395.

14 Proces-verbaal van aangifte contra Miep Oranje, 8 september 1945, NL-HaNA, Justitie/CA Bijzondere Rechtspleging, 2.09.09, inv. nr. 13450; Proces-verbaal van verhoor van getuigen contra Maria Oranje, 30 december 1948, NL-HaNA, Justitie/CA Bijzondere Rechtspleging, 2.09.09, inv.nr. 13450.

15 NIOD, Collectie personen, M. Oranje, toegangsnummer 248, inv. nr. 1274B.

16 NIOD, Collectie personen, M. Oranje, toegangsnummer 248, inv. nr. 1274B.

17 Proces-verbaal van verhoor van getuigen contra Maria Oranje, 30 december 1948, NL-HaNA, Justitie/CA Bijzondere Rechtspleging, 2.09.09, inv.nr. 13450.

18 Proces-verbaal van verhoor van getuigen contra Maria Oranje, 30 december 1948, NL-HaNA, Justitie/CA Bijzondere Rechtspleging, 2.09.09, inv.nr. 13450.

19 Proces-verbaal van verhoor van getuigen contra Maria Oranje, 30 december 1948, NL-HaNA, Justitie/CA Bijzondere Rechtspleging, 2.09.09, inv.nr. 13450.

20 Overlijden Michaël Johannes [sic] van der Vies, 08-03-1945, Het Utrechts Archief, Burgerlijke Stand van de gemeenten in de provincie Utrecht 1943-1950, toegangsnummer 1221, inv.nr. 1791.

21 Benoeming Willem Nicolaas de Blaey, 12 september 1946, Natio-

naal Archief, Den Haag (NL-HaNA), Nederlandse Beheersinstituut (NBI): Beheersdossiers, toegangsnummer 2.09.16.11, inv.nr. 4825.

22 *Soester Courant* 24 september 1946; Jaarverslag 1946, M. Oranje, NL-HaNA, Ned. Beheersinstituut/Beheersdossiers, 2.09.16.11, inv.nr. 4825.

23 Correspondentie bewindvoering M. Oranje 1957, NL-HaNA, Ned. Beheersinstituut/Beheersdossiers, 2.09.16.11, inv.nr. 4825.

24 C.L. Oranje aan het Nederlandse Beheersinstituut, 7 april 1951, NL-HaNA, Ned. Beheersinstituut/Beheersdossiers, 2.09.16.11, inv.nr. 4825.

25 W.N. de Blaey aan de Commissie tot het doen van aangifte van overlijden van vermiste personen, 6 september 1949, NL-HaNA, Ned. Beheersinstituut/Beheersdossiers, 2.09.16.11, inv.nr. 4825.

26 Nationaal Archief, Den Haag, Commissie tot het doen van Aangifte van Overlijden van Vermisten, nummer toegang 2.09.34.01, Samenvatting.

27 W.N. de Blaey aan de Commissie tot het doen van aangifte van overlijden van vermiste personen, 6 september 1949, NL-HaNA, Ned. Beheersinstituut/Beheersdossiers, 2.09.16.11, inv.nr. 4825.

28 Rapport Hank J. Owel, 23 november 1959, NL-HaNA, Ned. Rode Kruis-Informatiebureau: Persoonsdossiers, 2.19.288, inv.nr. 64923.

29 C.L. de Kogel plv. secretaris aan de heer C.L. Oranje, 7 juli 1952, NL-HaNA, Ned. Beheersinstituut/Beheersdossiers, 2.09.16.11, inv.nr. 4825.

30 C.L. Oranje aan de Commissie tot het doen van aangifte van overlijden van vermiste personen, 13 september 1954; C.L. de Kogel plv. secretaris aan de heer C.L. Oranje, 27 september 1954, NL-HaNA, Ned. Beheersinstituut/Beheersdossiers, 2.09.16.11, inv.nr. 4825.

31 C.L. Oranje aan A. Metzelaar, 23 september 1959, NIOD, M. Oranje, toegangsnummer 893, inv.nr. 1.

32 *De Gooi- en Eemlander* 5 mei 1990; Tel. gespr. 31 januari 1999, NIOD, M. Oranje, toegangsnummer 893, inv.nr. 7.

33 Cornelis Leendert Oranje, Nederlandse Liederenbank, www.liederenbank.nl [geraadpleegd 20 december 2021].

34 *Soester Courant* 9 juli 1948; *Soester Courant* 18 september 1956; Soester *Courant* 29 januari 1960; *Soester Courant* 20 september 1955.

35 C.L. Oranje aan A. Metzelaar, 23 september 1959, NIOD, M. Oranje, toegangsnummer 893, inv.nr. 1.

36 Nettie de Roos, 'Samenvatting geschiedenis Stichting Kaap Hoornvaarders', maart 2021, www.oudhoorn.nl/brieven/2021/Samenvatting_geschiedenis_Stichting_Kaap_Hoorn-vaarders.pdf [geraadpleegd op 23 december 2021].

37 J. van de Vosse aan C.L. Oranje, 3 december 1954, NL-HaNA, Ned. Rode Kruis-Informatiebureau: Persoonsdossiers, 2.19.288, inv.nr. 64923.

38 H.J. Swagerman aan de Commissie tot het doen van aangifte van overlijden van vermisten *[sic]*, 18 augustus 1956, NL-HaNA, Ned. Beheersinstituut/Beheersdossiers, 2.09.16.11, inv.nr. 4825.

39 C.L. de Kogel secretaris aan C.L. Oranje, 7 november 1956, NL-HaNA, Ned. Beheersinstituut/Beheersdossiers, 2.09.16.11, inv.nr. 4825.

40 Verklaring H. van de Bongaard, NL-HaNA, Ned. Rode Kruis-Informatiebureau: Persoonsdossiers, 2.19.288, inv.nr. 64923.

41 C.L. Oranje aan Nederlandse Beheersinstituut, 13 januari 1958, NL-HaNA, Ned. Beheersinstituut/Beheersdossiers, 2.09.16.11, inv.nr. 4825.

42 Commissie tot het doen van aangifte van overlijden van vermiste personen aan Nederlandse Beheersinstituut 5 september 1960, NL-HaNA, Ned. Beheersinstituut/Beheersdossiers, 2.09.16.11, inv.nr. 4825.

43 Nederlandse Beheersinstituut aan W.N. de Blaey, 20 december 1960; C.L. Oranje aan Nederlandse Beheersinstituut, 14 januari 1961, NL-HaNA, Ned. Beheersinstituut/Beheersdossiers, 2.09.16.11, inv.nr. 4825.

44 Vonnis arrondissementsrechtbank Utrecht, 3 oktober 1963, NL-HaNA, Ned. Beheersinstituut/Beheersdossiers, 2.09.16.11, inv.nr. 4825.

45 Jaarverslag M. Oranje 1949; Verklaring Nederlandse Beheersinstituut, 25 september 1961, NL-HaNA, Ned. Beheersinstituut/Beheersdossiers, 2.09.16.11, inv.nr. 4825.
46 K. Suyk Jr. aan C.L. Oranje 11 februari 1962, Vereniging van Nederlandse Kaap Hoornvaarders, Westfries Archief, toegangsnummer 0618, inv.nr. 199.
47 *Kaap Hoornvaarders*, NCRV 9 juni 1969, Archief Beeld en Geluid, Hilversum.
48 *Trouw* 16 juni 1969; *Trouw* 3 juli 1969.
49 Oranje, Nederlandse Liederenbank, www.liederenbank.nl [geraadpleegd 20 december 2021].
50 C.L. Oranje aan de heer Suyk 19 april 1972, Vereniging van Nederlandse Kaap Hoornvaarders, 1957-1986, Westfries Archief, toegangsnummer 0618, inv.nr. 199.
51 Telefonische mededeling Algemene Begraafplaats Bloemendaal, 22 december 2021.
52 Nelleke Nieuwboer, *Eerzucht. Herbert Oelschlägel, Apollolaan, v-vrouwen zoals Miep Oranje, diamanten, parels, goud*, Soest 2020, p. 115.
53 *De Gooi- en Eemlander* 5 mei 1990.
54 *De Gooi- en Eemlander* 5 mei 1990.
55 *Trouw* 25 oktober 1995.

5 'Miep gevonden'

1 NIOD, M. Oranje, toegangsnummer 893, inv.nr. 3.
2 Telefoongesprek Ton Elderenbosch, januari 2011.
3 Telefoongesprek Henk van Zeitveld, 29 januari 2011.
4 Telefoongesprek Bert Pol, 1 maart 2011.
5 Gesprek Henk van Zeitveld, 30 november 2012.
6 De Tweede Kamer nam in 1971 een wet aan die verjaring van oorlogsmisdrijven en misdrijven tegen de menselijkheid ophief.
7 Controle verjaringstermijn (M. Oranje), Brief minister van Justitie aan Officier van justitie, Hoofd van het Arrondissementsparket te

Amsterdam, 1 april 1970, dossier Miep Oranje, Openbaar Ministerie Regio Arnhem-Zutphen.

8 Pol. del. Oranje, Brief Officier van justitie W. Tonckens aan minister van Justitie, 7 april 1970, dossier Oranje, Openbaar Ministerie Regio Arnhem-Zutphen.

9 Brief Officier van justitie C.C.M. Bos aan minister van Justitie, 1 maart 1982, NIOD, Collectie personen, M. Oranje, toegangsnummer 248, inv.nr. 1274B.

10 Brief minister van Justitie aan Officier van justitie C.C.M. Bos, 10 maart 1982, NIOD, Collectie personen, M. Oranje, toegangsnummer 248, inv.nr. 1274B.

11 Stukken betreffende M. Oranje en S.P.A. van der Moer, 1986-1987, NL-HaNA, Justitie/Oorlogsmisdadigers, 2.09.61, inv.nr. 272; Mauno J. Pyhtilä, *Petronella. Een legende in Lapland*, Hollandia: Haarlem 2002, p. 127-134.

12 *De Gooi- en Eemlander* 5 mei 1990.

13 *De Gooi- en Eemlander* 5 mei 1990.

14 *Friesch Dagblad* 27 april 1991; NRC *Handelsblad* 2 december 1992.

15 *De Gooi- en Eemlander* 3 maart 1996.

16 Mink van Rijsdijk, *Angst was mijn gast*, Kok: Kampen 1971, p. 12, p. 205-206 en p. 213.

17 *Het verraad van Miep Oranje*, KRO *Brandpunt*, 3 mei 1996, youtube.com/watch?v=uFlGixXuXxU [Geraadpleegd op 4 november 2021].

18 Hof, *Verzet 1940-1945*, p. 129-131.

19 Bruijn, *Maria Oranje, 6 mei 1923-9 augustus 1944*, p. 4; *De Telegraaf* 15 juni 1960.

20 Telefoongesprek Jan Hof, 25 mei 2020.

21 E-mails Jack Kooistra aan auteur, 20 april 2020.

22 G.E. de Jongste, 'Miep Oranje: Opsporing Verzocht', in: *Terugblik. Maandblad van de Documentatiegroep '40-'45* 34 (1996) nr. 10 (november), p. 274-278.

23 Peter Gerritse en Ingrid Gouda Quint, 'Het fascinerende van "zeer foute vrouwen"', in: *De Opmaat. Tijdschrift over veteranen in oorlog en vrede* 4 (1998) nr. 7 (oktober), p. 18-23.

24 *De Gooi- en Eemlander* 5 mei 1990.
25 Correspondentie van de onderzoekers met personen en instanties, 1998-1999; Verslag 'Een speurtocht naar Miep Oranje', 1 augustus 2000, NIOD, M. Oranje, toegangsnummer 893, inv.nrs. 4 en 9.
26 Telefoongesprek John Veldhuizen 28 januari 2022.
27 Interview Gerrit Dekker 4 maart 2020.
28 AD *Utrechts Nieuwsblad* 25 april 2020.
29 Gesprek kleinzoons Kees van Wijngaarden, 21 januari 2020.
30 J.A. Blaauw, *De laffe moord op 'Kitty' van der Have*, De Fontein: Utrecht 2013, p. 37-40 en p. 147-148.
31 AD *Amersfoortse Courant* 5 mei 2014.
32 Cees van Hoore en Arnold Karskens, *Voor verraders zou geen plaats zijn...* Aspekt: Soesterberg 2020, p. 123.
33 Telefoongesprek auteur met medewerker ministerie van Binnenlandse Zaken, 10 maart 2021.
34 Nationaal Archief, Den Haag, Binnenlandse Veiligheidsdienst en Voorgangers, Persoonsdossiers, toegangsnummer 2.04.125.
35 NIOD, Collectie personen, M. Oranje, toegangsnummer 248, inv. nr. 1274B; Bruijn, *Maria Oranje*, p. 14-15.
36 Correspondentie Deutsches Rotes Kreuz met auteur, 2021.

Slot. Koerierster des doods

1 Dossier '43-'45 persoonlijke verbindingen, V.d. Meer, aantekeningen Veltman, IISG, Archief CPN, inv.nr. 807.
2 Sententie Teunis van Vliet, 24 mei 1949, NL-HaNA, Justitie/ca Bijzondere Rechtspleging, 2.09.09, inv.nr. 64426.
3 Annemiek Bal, *Het Zeister verzet. De geschiedenis van de gemeente Zeist in Oorlogstijd 1940-1945*, Zeist 2018, derde druk, p. 166-167 en p. 216; Dijkstra e.a., *Geesje Bleeker*, p. 284-285.
4 Van der Zee, *Vogelvrij*, p. 409-410; *Het Parool* 10 augustus 1948.
5 Dijkstra e.a., *Geesje Bleeker*, p. 218-228 en p. 240-258.

Bronnen en literatuur

Interviews en gesprekken

Blaey, J.M. de †
Dalen-Hornsveld, Ans van †
Dekker, Gerrit †
Elderenbosch, Ton †
Hof, Jan †
Kooistra, Jack
Lessing, Ed
Mellema-Jongsma, M.
Pol, Bert
Veldhuizen, John
Zeitveld, Henk van

Archieven en collecties

Archief Beeld en Geluid
    Collectie programma's

Archief Eemland
  911 Gemeentebestuur Soest, 1929-1975
Bomber Command Museum of Canada,
  Aircrew chronicles
Griftland College
  Examenuitslagen vanaf 1934
Haags Gemeentearchief
  0354-01 Bevolkingsregister gemeente Den Haag
Het Baarnsch Lyceum
  Leerplan, adressen van bestuur en docenten, namen van leerlingen, boekenlijst, enz. 1941-1942
  Eindexamen hbs A Cijferlijsten
Het Scheepvaartmuseum
  Dagboek van C.L. Oranje apprentice a/b Eng. Barkschip "Beeswing" (London) van September 1904 tot December 1906
Het Utrechts Archief
  463 Burgerlijke Stand van de gemeenten in de provincie Utrecht 1903-1942
  650 Collectie Utrechts verzet
  1221 Burgerlijke Stand van de gemeenten in de provincie Utrecht 1943-1950
Historisch Documentatiecentrum voor het Nederlands Protestantisme
  1030 Mink van Rijsdijk
Historische Kring Baerne
  Herman Münninghoff, *In de barning der tijden*
Historische Vereniging Soest/Soesterberg
  E-mailwisseling met J.M. de Blaey
Imperial War Museum
  Oral history Second World War

Internationaal Instituut voor Sociale Geschiedenis
  Archief CPN
  Archief Ger Harmsen
Joods Museum
  Visual History Archive, USC Shoah Foundation Institute
Nationaal Archief
  2.04.125 Binnenlandse Veiligheidsdienst en Voorgangers, Persoonsdossiers
  2.09.09 Ministerie van Justitie: Centraal Archief van de Bijzondere Rechtspleging
  2.09.16.11 Nederlandse Beheersinstituut (NBI): Beheersdossiers
  2.09.34.01 Commissie tot het doen van Aangifte van Overlijden van Vermisten
  2.09.61 Ministerie van Justitie: Commissies tot Opsporing van Oorlogsmisdadigers
  2.09.70 Ministerie van Justitie: Directoraat-Generaal Bijzondere Rechtspleging, Personeelsdossiers
  2.19.288 Het Nederlandse Rode Kruis – Informatiebureau: Persoonsdossiers
  2.19.304 Het Nederlandse Rode Kruis – Opgave Representanten (OR) formulieren
NIOD Nederlands Instituut voor Oorlogs-, Holocaust- en Genocidestudies
  020 Generalkommissariat für Verwaltung und Justiz
  248 Collectie personen
  249-A0375J Dossier Kerkelijk verzet – Rooms Katholieke Kerk
  893 Onderzoek – Miep Oranje

Noord-Hollands Archief
   313 Gevangenissen te Amsterdam
   2269.03 Bouwvergunningen- en constructiedossiers (bouwdossiers/bouwtekeningen) van de gemeente Haarlem
Openbaar Ministerie Regio Arnhem-Zutphen
   Dossier M. Oranje
Privéarchief Jan Oranje
   Briefwisseling
Stadsarchief Amsterdam
   5225 Politierapporten '40-'45
   5422 Bevolkingsregister Amsterdam: gezinskaarten 1893-1946
   5503 Bevolkingsregister Nieuwer-Amstel 1850-1938
   30238 Bevolkingsregister Amsterdam
   30274 Adresboek der stad Amsterdam voor de jaren 1915-1916
United States Holocaust Memorial Museum
   Lessing family papers
University of California Shoah Foundation Institute
   Visual History Archive
Westfries Archief
   0618 Vereniging van Nederlandse Kaap Hoornvaarders, 1957-1986
Zeeuws Archief
   25 Burgerlijke Stand Zeeland (1796) 1811-1980

Literatuur

Aarts, Jan, Frits Hoogewoud en Chris Kooyman, 'Ex libris in exil. Duits-joodse vluchtelingen in Nederland 1933-1940', in: *Uitgelezen boeken* (14) 2011, nr. 2/3

Adresboek voor de gemeente Bloemendaal 1923, Eikelenboom & Timmer: Santpoort en Bloemendaal 1923

Adresboek van Haarlem 1929/1930, Uitgeverij Maatschap Haerlem: Haarlem z.j.

Bal, Annemiek, *Het Zeister verzet. De geschiedenis van de gemeente Zeist in Oorlogstijd 1940-1945*, Zeist 2018, derde druk

Benda-Beckmann, Bas von, *Het Oranjehotel. Een Duitse gevangenis in Scheveningen*, Em. Querido's Uitgeverij: Amsterdam en Antwerpen 2019

Blaauw, J.A., *De laffe moord op 'Kitty' van der Have*, De Fontein: Utrecht 2013

Blij, J.W. de, *Oorlog en Verzet in de Prinsenstad 1940-1945. Een overzicht van de gebeurtenissen in Delft in en rond de bezettingstijd*, De Blij: Delft 2013 [derde uitgebreide editie]

Boeree, Th.A, *Kroniek van Ede gedurende de bezettingstijd*, J. Frouws en Zoon: Ede z.j.

Booy, Frits, Gerard Brouwer en Bert Natter, *Als de morgenglans. Het Baarnsch Lyceum: Baarn 1919-2004*, Het Baarnsch Lyceum: Baarn 2004

Booy, Frits, Gerard Brouwer en Bert Natter, *Als de morgenglans. Het Baarnsch Lyceum 1919-2004*, Het Baarnsch Lyceum: Baarn 2009 (tweede aangevulde druk)

Broeyer, Frits, *Het Utrechtse universitaire verzet, 1940-1945. 'Heb je Kafka gelezen?'*, Uitgeverij Matrijs: Utrecht 2014

Brongers, E.H., *De gebroken vleugel van de Duitse adelaar. Inventarisatie van de Duitse verliezen in de luchtoorlog van mei 1940 boven Nederland*, Aspekt: Soesterberg 2010

Brugmans, I.J., *Tachtig jaren varen met de Nederland*, C. de Boer jr.: Den Helder 1950

Bruijn, Lucas, *Maria Oranje, 6 mei 1923 – 9 augustus 1944. Een onderzoek naar Maria (Miep) Oranje*, Groningen 2014 [ongepubliceerd]

Bruijn, Lucas, *Herbert Oelschlägel. De mythe, de man*, Groningen 2010 [ongepubliceerd onderzoek]

Bruineman, Joan, *Metterdaad. Vijf jaar onderdrukking en verzet in Bussum*, Uitgeverij Walden: Bussum 1985

Croes, Marnix en Peter Tammes, *'Gif laten wij niet voortbestaan'. Een onderzoek naar de overlevingskansen van joden in de Nederlandse gemeenten, 1940-1945*, Aksant: Amsterdam 2006 (tweede druk)

Dam, M.J. van, *Gouda in de Tweede Wereldoorlog*, Eburon: Delft tweede herziene druk 2006

Dijkstra, Gerben e.a., *Geesje Bleeker*, Uitgeverij Drenthe: Beilen 2016

Engels, Jos e.a., 'Leden van het verzet, afkomstig uit Leidschendam of Voorburg, omgekomen tijdens de Tweede Wereldoorlog', in: *Historisch Voorburg* (21) 2015, nr. 1/2

Enquêtecommissie Regeringsbeleid 1940-1945, deel 7c, Staatsdrukkerij- en Uitgeverijbedrijf: 's-Gravenhage 1955

Frijtag Drabbe Künzel, Geraldien von, *Het recht van de sterkste. Duitse rechtspleging in bezet Nederland*, Uitgeverij Bert Bakker: Amsterdam 1999

Gaag, J. 'Richard' van der, *Verzetsstrijder en diplomaat*, A.J.G. Strengholt's Boeken: Naarden 1984

Geel, Jessica van, *Truus van Lier. Het leven van een verzetsvrouw*, Thomas Rap: Amsterdam 2022

Gerritse, Peter en Ingrid Gouda Quint, 'Het fascinerende van "zeer foute vrouwen"', in: *De Opmaat. Tijdschrift over veteranen in oorlog en vrede* 4 (1998) nr. 7 (oktober)

Gerritse, Theo, *Rauter. Himmlers vuist in Nederland*, Boom: Amsterdam 2018

Gerth, Henk e.a., *Soest in oorlogstijd*, Soest 1995

Graaff, Bob de en Lidwien Marcus, *Kinderwagens & Korsetten. Een onderzoek naar de sociale achtergrond van vrouwen in het verzet, 1940-1945*, Bert Bakker: Amsterdam 1980

Ham, P.J. van der, *De magie van een gemeentegrens. De veranderingen in het grensgebied tussen Bloemendaal en Haarlem na de annexatie van 1927*, Overveen 2008

Harmsen, Ger, *Rondom Daan Goulooze. Uit het leven van kommunisten*, SUN: Nijmegen 1980

Het Grote Gebod. Gedenkboek van het verzet in LO en LKP, Kok: Kampen 1989 (vierde druk)

Hoeven, Liesbeth en Astrid de Beer, *Haar verhaal. Het verzet van Tilburgse vrouwen in de Tweede Wereldoorlog*, Gianotten Printed Media: Tilburg 2019

Hof, Jan, *Verzet 1940-1945*, Kok: Kampen 2002

Hoore, Cees van en Arnold Karskens, *Voor verraders zou geen plaats zijn…* Aspekt: Soesterberg 2020

Hoving, Richard, *Het 'foute' kamp. De geschiedenis van het Amersfoortse interneringskamp Laan 1914 [1945-1946]*, Ad. Donker: Rotterdam 2011

Hovingh, G.C., *Johannes Post. Exponent van het verzet*, Kok: Kampen 1999 (tweede druk)

Jong, L. de, *Het Koninkrijk der Nederlanden in de Tweede Wereldoorlog, deel 7*, Martinus Nijhoff: Den Haag 1976

Jong, L. de, *Het Koninkrijk der Nederlanden in de Tweede Wereldoorlog, deel 10b*, Martinus Nijhoff: Den Haag 1981

Jong, Paulina de e.a. red., *Wereldtijd. Lustrumboek Vereniging van Utrechtse Geografiestudenten. xve lustrum 1997*, VUGS: Utrecht 1997

Jongste, G.E. de, 'Miep Oranje: Opsporing Verzocht', in: *Terugblik. Maandblad van de Documentatiegroep '40-'45* 34 (1996) nr. 10 (november)

Kaajan, Dick, 'Nieuw licht op arrestatie en bevrijding van Frits de Zwerver in mei 1944', in: Perry Pierik en Bert van Nieuwenhuizen, *Elfde Bulletin van de Tweede Wereldoorlog*, Soesterberg 2012

Karskens, Arnold, *Het beestmensch. De jacht op Nedernazi Klaas Carel Faber*, Uitgeverij Augustus: Amsterdam 2012

Kemperman, Jeroen, *Oorlog in de collegebanken. Studenten in verzet 1940-1945*, Boom: Amsterdam 2018

Kuipers, Eppo, *Er was zoveel werk nog te doen… Tante Riek en oom Piet in de jaren '40-'45*, Vereniging 'Het Museum': Winterswijk 1998

Liempt, Ad van, *Gemmeker. Commandant van Westerbork*, Balans: Amsterdam 2019

Meeuwenoord, Marieke, *Het leven is hier een wereld op zichzelf. De geschiedenis van Kamp Vught*, De Bezige Bij: Amsterdam 1994

Meijer, P.C., *Luchtoorlog rondom Den Ham*, Oudheidkundige vereniging Den Ham/Vroomshoop: Den Ham en Vroomshoop 1995

Merwe-Wouters, Geke van de, *Soest onder vuur*, Boekhandel Van de Ven: Soest 2001

Nieuwboer, Nelleke, *Eerzucht. Herbert Oelschlägel, Apollolaan, v-vrouwen zoals Miep Oranje, diamanten, parels, goud*, Soest 2020

Orange Bisset, Barbara, *Ebenezer*, Peter and John Radio Fellowship: z.p. 1999

Oranje, P.B., *Oranje als burgerlijke familienaam onder het Nederlandse Volk*, Uitgeverij Pirola: Schoorl 1995 (2e herziene editie)

Paepe, Eddy de, 'Ondergronds in Het Duikje', in: Dagblad De Gooi- en Eemlander/Dagblad van Almere red., *Over Leven. Herinneringen aan de oorlogsjaren 1940-1945 in Gooi, Eemland en Vechtstreek*, Schuyt & Co: Haarlem 1995

Pater, Ben de, *Een tempel der kaarten. Negentig jaar geografiebeoefening aan de Universiteit Utrecht*, Universiteit Utrecht: Utrecht 1999

Paul, Cees red., *Verhalen van voor de mast. Herinneringen van Nederlandse schepelingen uit hun zeiltijd*, Stichting Nederlandse Kaap-Hoornvaarders: z.p. 2000

Pike's Dover and district 1938-1939, Garnett, Mepham & Fisher: Brighton 1938

Plicht, Elias van der, *1943. Onderdrukking en verzet*, Spectrum en NIOD: Amsterdam en Houten 2018

Popijus, Kees, 'Jeanne Berkelaar: koerierster', *Swindregt Were* (34) 2020, nr. 1

Pyhtilä, Mauno J., *Petronella. Een legende in Lapland*, Hollandia: Haarlem 2002

Redactie Gooi, Vecht en Eemland, 'Dorpen en steden bevrijd', in: Dagblad De Gooi- en Eemlander/Dagblad van Almere red., *Over Leven. Herinneringen aan de oorlogsjaren 1940-1945 in Gooi, Eemland en Vechtstreek*, Schuyt & Co: Haarlem 1995

Rijsdijk, Mink van, *Angst was mijn gast*, Kok: Kampen 1971

Schaap, Erik, *De verraadster. Franci Siffels, de verzetsvrouw die overliep*, Alfabet Uitgevers: Amsterdam 2022

Schaap, Inger, *Sluipmoordenaars. De Silbertanne-moorden in Nederland 1943-1944*, Just Publishers: Hilversum 2010

Schalekamp, Ronald red., *Willem Lengton. De Zwolse verzetsheld, leider van de knokploeg Soest*, Persbureau Zwolle: Zwolle 2007

Schulten, C.M., *'En verpletterend wordt het juk'. Verzet in Nederland 1940-1945*, Sdu Uitgeverij: Den Haag 1995

Schwegman, Marjan, *Het stille verzet. Vrouwen in illegale organisaties, Nederland 1940-1945*, SUA: Amsterdam 1980

Schwegman, Marjan, *De wapens van het verzet. Geweld, geweldloosheid en gender in de strijd tegen onderdrukking en vervolging*, NIOD: Amsterdam 2016

Thomas, Hugh, *De Spaanse Burgeroorlog*, Anthos/Standaard: Amsterdam en Antwerpen 2006

Tolman, Rinke en Jean Dulieu red., *Soest*, z.p. 1959

Velthuizen, Wim, *Baarn in de Tweede Wereldoorlog... terugblik: 1940-1945*, Stichting Groenegraf.nl: Baarn 2017

Visser, Tini, *Jaren van verduistering. Bezettingstijd in Amstelveen*, Walburg Pers: Zutphen 2008 (tweede druk)

Vrijland, C.W.D., *Geschiedenis van Bloemendaal en Aerdenhout (Duinlustpark, Bloemendaal-dorp, Overveen, Bentveld en Vogelenzang)*, Schuyt & Co: Haarlem 1975

Wakker, D.L.G., *Dit gebeurde in de Weteringschans*, Het Wereldvenster: Amsterdam 1951

Walsum, Sander van, *Ook al voelt men zich gewond. De Utrechtse universiteit tijdens de Duitse bezetting 1940-1945*, Universiteit Utrecht: Utrecht 1995

Water, Paul van de, *Foute vrouwen. Handlangsters van de nazi's in*

Nederland en Vlaanderen, Omniboek: Utrecht 2022

Wibaut-Guilonard, Tineke, *Zo ben je daar. Kampervaringen*, Uitgeverij Ploegsma: Amsterdam 1983

Wijbenga, P., *Bezettingstijd in Friesland. II Met de rug tegen de muur,* De Tille: Leeuwarden 1975

Zee, Sytze van der, *Vogelvrij. De jacht op de Joodse onderduiker*, De Bezige Bij: Amsterdam 2010

Periodieken

AD Amersfoortse Courant
AD Utrechts Nieuwsblad
Amersfoortse Courant/Veluws Dagblad
Arnhemsche Courant
De Gooi- en Eemlander
De Soester
De Soester Courant
De Standaard
De Telegraaf
De Zeeuw
Drentse Courant
Friesch Dagblad
Goessche Courant
Het Bloemendaalsch Weekblad
Het Rechtsfront
Nieuwe Venlosche Courant
Nieuwe Zeeuwsche Courant
NRC Handelsblad
Provinciale Overijsselsche en Zwolsche Courant

Soester Courant
Soester Nieuwsblad
Soest Nu
Trouw
Vlissingsche Courant
Zeister Nieuwsbode
Zierikzeesche Nieuwsbode

Websites

doverhistorian.com
gerritkorenberg.nl
groenegraf.nl
liederenbank.nl
oorlogsgravenstichting.nl
oudhoorn.nl
sint-elisabeth.nl
verdwenensoest.nl
web.archive.org/web/20161228131125/http://www.duinlustpark.nl/files/Het_Kopje_v2.pdf
youtube.com

Register

Namen tussen haken verwijzen naar roepnamen. Namen tussen haken en aanhalingstekens verwijzen naar schuilnamen.

Adelia, zuster 85

Beekman-Martin, Alma ('Mama Beekman') 61-62, 104-107, 109, 113, 134
Berg-van der Vlis, Cornelia van den ('Annie Westland') 127
Bergeijk, Cornelis van (Kees) 126
Berkelaar, Jeanne 126
Berkelaar, Pieter 126
Bernhard, prins 31-32, 36
Bezaan, Jan 82
Bing, Richard 125
Blaey, John de 117, 183-184
Blaey, Willem Nicolaas de 117, 147-151, 157, 183

Bleeker, Geesje 193-195
Bongaard, J.H. van de 154-155, 169
Bos, C.C.M. 167
Bosch van Drakestein, Elisabeth F.M. 63
Bosch van Drakestein, Paulus Jan 85
Boven, Chris 129, 131
Boven, Evert ('Nico') 129-131
Breukelen, Jaap van 68, 74-76
Brilman, Paul 167-168, 173
Brons, Klaas 119, 140
Brontsema, Klaas 116
Brouwer, Kees 117, 120, 133, 135
Bruins, Siert 116
Bruyn, Marie de 192

Büller, Johannes 116
Burger, Cornelis 109, 111-113

Cahn, Carl ('Karel Koenders')
   102-104, 109, 111-112
Cahn, Hilde 102-103
Cornelisz. Schouten, Willem
   153

Dankaart, Co 109, 112
Das, Henk ('Ruurd') 129
Deketh, Govert 32
Dekker, Gerrit 179-180
Deppner, Erich 110-111, 113
Dercksen, Willem J. ('Hoog
   Sr.') 126
Dickens, Charles 33
Dijk, Ans van 194
Dijkema, Aldert Klaas 114, 116
Doornbosch, Ate 160

Eggink, Wim 47-48
Elderenbosch, A. (Ton) 163-
   166, 176, 178-179
Emma, koningin-regentes 24
Enkelstroth, Friederich August
   131

Faber, Klaas Carel 128
Faber, Pieter Johan 128
Fokkema, Bert 126
Fokkema, Johanna Maria
   Elisabeth 126
Franco, Francisco 35
Frederiks, Gerrit 104-105, 107,
   109

Frederiks, Jan 104
Frederiks, Maria 105
Frijda, Leo 98, 110

Gaag, Jacob van der ('Richard')
   78-80, 86, 102, 108
Garschagen, Rento ('Felix')
   105, 107, 109
Gerritsen, Hans Teengs 173, 175
Gillhaus, Theo 29, 162
Goor, Wim van 119
Groot, Joke de 127
Guilonard, Tineke 97, 100-101

Hall, Walraven van (Wally) 190
Hanke, *Oberleutnant* 110
Harssel, Leonie van 60
Have, Kitty van der 181-182
Hesselberg, Loet ('Von
   Schlicher') 126
Heydrich, Reinhard 94
Hissink, Nel 59
Hitler, Adolf 36, 42, 120
Hobday, Sydney 72-78
Hof, Jan 173-174
Hogeboom, Rein 62
Hoogland, Riet 59
Hornsveld, Anna 54
Hornsveld, Ans 30, 54
Hornsveld, Dirk 54
Hornsveld, Henk 54
Hornsveld, Yvonne Irene
   Bernharda 54
Houtman, Johan 119
Huttinga, Eb 63

Janssen, Marinus (Ries) 131
Jong, Jan de 170-172
Jongste, George de 170-172, 176, 178
Juliana, prinses 31-32

Kalf, Bertus 82
Kanis, Jan 105-106
Karman, Jan 81-82, 107-109, 111-112
Kaufmann, Anna Maria 95
Kerlen, G.J. 99
Kleijn Snuverink, Adriaan 105-106
Klein, *Hauptsturmführer* 110
Kleisen, Bert ('Rudy Kleyzing') 67, 72, 74, 79-81, 103
Koningsberger, Victor Jacob 46
Kooistra, Jack 169-171, 173-176
Kool, Peterus J.F. 124-125
Koolhoven, Abraham 24
Kruyt, Hugo Rudolph 46, 49
Kuipers, Piet 130-131
Kuipers-Rietberg, Heleen ('Tante Riek') 120-121, 130-131

Lages, Willy 89, 93-94, 96, 100, 102, 132-133, 135, 142-143, 146, 185, 188
Leeuwen, Maria Jacoba van (Marie) 28-29, 101, 151-152, 160-161
Leeuwen, Metje van 28
Lengton, Willem ('Wim van de Elst') 62-63, 106, 109, 113

Lessing, Eddie 65, 67-68, 71, 74, 84
Lier, Truus van 59, 99
List, Dirk van der 79, 86, 93, 107-109
List, Dirk van der, jr. 93
Lommen, Charles 140
Luitjens, Jacob 169

Maire, Jacob le 153
Matthea, Marie 83, 85, 87, 89
Meer, Dick van der ('Wim') 60-61, 65-68, 74-78, 80-81, 101-105, 108, 114, 122, 124, 133, 142, 145-146, 189
Meijer, Henk 105, 107, 109
Meijers, Henderina Cornelia 15
Moer, Anton van der 168
Moer, Sylvia van der 167-169
Mollis, Walter Cornelis 116, 143
Muller, H.W. 81-82, 108, 112
Munck-Siffels, Franci de 133
Münninghoff, Herman 64, 66, 68-69, 77, 83-84
Mussert, Anton 49, 118

Nes, Cornelis van ('Noppes') 126
Nie, Willem de ('Wampie') 125
Noord, Ad van ('Frans') 64, 68

Oelschlägel, Herbert 94-101, 106-111, 117, 123-125, 132-135, 142-143, 185, 188, 192-193
Ommering, D. van 177-178
Oppewal, Gerben 128

Oranje, Adriaan 22
Oranje, Barbera 26, 29, 90
Oranje, Cornelis 15, 20
Oranje, Cornelis Leendert
　(Cees) 15-22, 25-29, 33-35, 39,
　53-54, 101, 116, 135, 140-141,
　147-162, 180, 183
Oranje, Henderina Cornelia
　(Henny) 15, 22, 24-25, 27-29,
　147, 150-151, 156, 158, 162
Oranje, Jan 90-91, 101
Oranje, Leendert 26, 29, 90
Oranje, Miep (Maria) ('Edith')
　passim
Oranje, Tiny 27
Oranje-van der Vies, Maria 15,
　21-22, 25, 161
Oskam, Margrethus 63-65, 67,
　74, 84, 86-87, 89
Owel, Hank J. 150-151

Poel, Fons de 7-8
Pol, Bert 165-166, 169
Poldervaart, Emmy ('Ries')
　72-76, 145-146
Post, Johannes 119
Prinsen Geerligs, Reina 59

Quelle, Arend 53, 80-81, 115,
　134, 138-139, 189
Quelle, Johan Willem 115, 134
Quelle, Klaasje 114
Quelle, Miep 52-53, 57-58,
　60, 80-81, 114-116, 134, 138,
　171-172, 176-177, 188; *zie ook*
　Mink van Rijsdijk

Raalte, Henk van 132
Raatjes, Egbert 137
Reehorst, Ab 177-178
Reeskamp, Gerard 142
Regelink, Zwier 106
Reydon, Herman 118
Rijsdijk, Mink van 171; *zie ook*
　Miep Quelle
Roos, Rachel ('Didi') 60
Rühl, Emil 143
Ruiten, Johannes H.A. 131

Schagen, Truus 31
Schäper, Helmuth Johann 128
Scheringa, Trijntje 128
Schlösser, Albert 132
Seelig, Irma 98-99, 101, 110, 117,
　132, 192-193
Seifert, H. 110, 113
Senff, Hans 105, 107
Seyffardt, Hendrik 49, 118
Seyss-Inquart, Arthur 111
Sillem, Ernst 42-43
Slomp, Frits ('Frits de Zwerver')
　120-121
Smit, Arend 53, 114
Snijders, Cornelis 105-106,
　110-111
Sutherland, Fred 73-78
Swagerman, H.J. 154, 156

Telder, Bert 115, 134
Tonckens, W. 167

Uiting, Dick 105-106
Urban, Wietty 174, 176

Veenenbos, Jacobus Simon (Co) 127
Veenenbos, Jacobus Simon (Co jr.) 127
Veenendaal, Berend van 62, 104
Veenendaal, Rut van 105, 107, 111-112
Veldhuizen, Wijnand 177-179
Viebahn, Friedrich Christian 96, 102, 111-112, 143
Vies, Barbara Johanna van der 21, 117
Vies, Michaël Joannes van der 27, 147
Vliet, Gerrit van ('Maas') 131
Vliet, Teus van ('Hugo') 120-125, 128-129, 131-135, 143, 146, 189-191
Vor der Hake, J.A. 40
Vosse, J. van de 154
Vulpen, Gerard van 82
Vulpen, Johan van 141-146, 151, 185, 191
Vuuren, Louis van 49-50

Waals, Anton van der 8, 191
Wagenaar, Gerben 61, 124
Wakker, Daan ('Oom Daan') 97
Wal, Tjalke van der 128
Waterman, Barend 105, 107
Wehner, Ernst 106-111, 119-120, 143
Westendorff, Samuel D.J. 91
Wielenga, Jenne 80, 115, 138-139

Wierda, H.W. 92,
Wijmer, Margaretha Jacoba 168
Wijngaarden, Kees van 181-182
Wilhelmina, prinses, koningin 24, 32
Windham-Wright, Patrick Joseph Stewart 170, 172-176, 187
Wolf, Albert Cornelis Henri de 82-83

Ypma, Gerben 128

Zalmann, Mieke 42
Zeitveld, Henk van 165-166, 179